Gut essen

Fränkische Küche

Autor und Bildredaktion: Helga Lederer, München
Konzeption und Gestaltung: Uschi Müller, München
Umschlaggestaltung: Bine Cordes, Weyarn
Printed in Italy
ISBN 3-88199-892-6

Gut essen

Fränkische Küche

Über 100 Spezialitäten

Pawlak

Inhalt

Vorwort

Die Franken haben eine natürliche Freundlichkeit, Lebensfreude und sehr viel Humor, dies spiegelt sich vor allem in der Fränkischen Küche wider.
Man versteht sich auf gutes Essen und trinkt gerne einen guten Schoppen dazu. Es gibt in Franken viele gemütliche Dorfgaststätten, Waldschänken und kleine Wirtshäuser, die immer wieder neue und alte Gaumenfreuden, vor allem auch heimischen Fisch anbieten, wie den Aischgrüder Spiegelkarpfen - Meefischli und Forellen – auch Nürnberger Rostbratwürstl – saure Zipfel – Klöß – Lauch-Blotz – Schäuferl – Zwiebelblatz – Elisenlebkuchen – versoffene Jungfern und und und.

Die ländlich, bodenständig gut gewürzten Speisen aus frischen heimischen Produkten stellen auch anspruchsvolle Esser zufrieden. Probieren Sie die eine oder andere Fränkische Spezialität in diesem Buch aus. Sie werden sehen, daß viele Gerichte zu bevorzugten Leibspeisen werden, die unserem alltäglichen Küchenplan Abwechslung bringen.
Machen Sie eine kulinarische Entdeckungsreise durch Franken und lassen Sie sich durch die vielen farbigen Fotos anregen, diese leckeren Gerichte nachzukochen.

FRÄNKISCHES KÜCHENLEXIKON

Backes, Reiberdatschi – Kartoffelpuffer
Bauchstecherla – fingerlange Nudeln aus Kartoffelteig
Baumwollne – Klöße aus Kartoffelteig
Blotz – Blechkuchen
Dampfl – Hefeansatz, Vorteig
Dampfnudel – in Milch gedämpfte Hefenudeln
Dotschn – Gelbe Rüben
Einbrenne – Mehlschwitze
Gansjung – Gänseklein
Gickerla – Hendl - Hühnchen
Gmanschi – Kartoffelslat mit Gurken
Grupfter – angemachter Camembert
Gwerch – Durcheinander
Halbseidene – Klöße aus rohen und gekochten Kartoffeln
Henna – Huhn
Hollersträuble – gebackene Holunderblüten
Kadeiserla – Karthäuser Klöße
Kärschmännla – Kirschenauflauf
Kerwa – Kirchweih
Kloß – Knödel
Knöchla Sulz'n – Sülze
Kopfkissla – viereckiges Küchle
Krautwickel – Krautrouladen
Kren – Meerrettich
Kronfleisch – Zwerchfellfleisch vom Rind
Lüngerl – Lunge
Meefischli – Mainfische
Napfkuchen – Hefekuchen
Ofenschlupfer, Rohrnudeln – Hefeteignudeln im Rohr gebacken
Potackn – Kartoffeln
Radi – Rettich
Ranen – rote Rüben - rote Bete
Rapunzala – Feldsalat
Reine – ein längliches Gefäß zum Braten und Backen
Saure Zipfel – Bratwürste im Essigsud
Semmel – Brötchen
Spatzen – Mehlklößchen
Topfen – Quark
Zwetschgen-Blotz – Hefe-Blechkuchen mit Pflaumen

AUFBAU DER REZEPTE

Die Rezepte sind, wenn nicht anders angegeben, für 4 Personen berechnet.
Die Zutaten sind in der Reihenfolge der Verwendung aufgelistet.
Die erstklassige Qualität von Fleisch und Zutaten sind eine Grundvoraussetzung für gutes Gelingen.
Frische Kräuter und Gewürze tragen ebenfalls zur geschmacklichen Steigerung der Rezepte bei.

Die Maßeinheiten wurden wie folgt abgekürzt:

1 TL = 1 Teelöffel
1 EL = 1 Eßlöffel
1 Tasse = ca. 1/8 l = 125 ml
1 Msp. = 1 Messerspitze
1 gestr. = 1 gestrichener
1 Weinglas = ca. 1/8 l = 125 ml
1 Schnapsglas = ca. 2 cl = 20 ml

Suppen

HAUSGEMACHTE RINDFLEISCHBRÜHE

1,5 kg Rindfleisch, 500 g Markknochen, Salz, 1 Stange Lauch, 2 Karotten, 2 Zwiebeln, 1/2 Sellerieknolle, 1 Petersilienwurzel, 1 Liebstöckelblatt, 1 Bund Petersilie, 1 Lorbeerblatt, 4 Nelken, 4 schwarze Pfefferkörner, 2 l Wasser, Weißwein oder Sherry nach Geschmack

Das Rindfleisch und die Knochen unter fließendem, kalten Wasser waschen. Den Lauch putzen, waschen und in Stücke schneiden. Die Karotten und die Zwiebeln schälen, die Karotten halbieren und die Zwiebeln vierteln. Den Sellerie und die Petersilienwurzel schälen und grob schneiden. Das Liebstöckel und die Petersilie waschen und abtropfen lassen. Das Gemüse mit Fleisch, Knochen, Salz und den Gewürzen im kalten Wasser ansetzen, aufkochen, dann 90 Minuten im geschlossenen Topf sieden lassen. Entstehenden Schaum mit einer Kelle abschöpfen. Die Brühe durch ein Sieb gießen und weiterverwenden. Eventuell mit Weißwein oder Sherry abschmecken.
Als Rinderfond die Brühe nochmals in einen breiten flachen Topf geben und auf die Hälfte einkochen lassen. Im Schnellkochtopf beträgt die Garzeit ca. 30 Minuten.
Die Brühe kann man mit Klößchen, gekochtem Reis, Nudeln und feingeschnittenen Gemüsestreifen servieren.

"HENNASUPPN" HÜHNERBRÜHE

Zutaten wie Rindfleischbrühe (Rezept S. 10), das Fleisch und die Markknochen durch 1 Suppenhuhn ersetzen.

Das Suppenhuhn unter kaltem Wasser von innen und außen waschen. Das Gemüse wie "Rindfleischbrühe" vorbereiten. Das Gemüse mit dem Huhn, und den Gewürzen in kaltem Wasser ansetzen, aufkochen, dann 90 Minuten im geschlossenen Topf sieden lassen. Entstehenden Schaum mit einer Kelle abschöpfen. Die Brühe durch ein Sieb gießen und weiterverwenden. Eventuell mit Sherry abschmecken. Als Hühnerfond nochmals in einen breiten, flachen Topf gießen und auf die Hälfte einkochen lassen. Im Schnellkochtopf beträgt die Garzeit ca. 25 Minuten.
Die Suppe kann man mit Klößchen, gekochtem Reis oder Nudeln und feingeschnittenen Gemüsestreifen servieren.

ALT-FRÄNKISCHE BAUERNBROTSUPPE

(für 8 Personen)

2 l Rindfleischbrühe (Rezept s. Seite 10), 1 Prise gemahlener Kümmel, Salz, schwarzer Pfeffer, 3 Zwiebeln, 3 EL Butter, 3 EL Schweineschmalz, 500 g altbackenes Bauernbrot, 1 Knoblauchzehe, 50 g Kerbel, 1/2 Bund Schnittlauch

Die Fleischbrühe in einem Topf erhitzen, mit Salz, frisch gemahlenem Pfeffer und etwas gemahlenem Kümmel abschmecken. Die Zwiebeln schälen und in feine dünne Ringe schneiden. Die Butter und das Schmalz in einer Pfanne erhitzen, und die Zwiebelringe darin anrösten. Das Bauernbrot in dünne Scheibchen schneiden. Die Knoblauchzehe schälen, halbieren, und eine Suppenterrine damit ausreiben. Das Brot in die Terrine legen und die heiße Brühe darüber gießen, kurz ziehen lassen, und zum Schluß die Zwiebelringe mit dem Fett darüber geben.
Den Kerbel und den Schnittlauch waschen, klein schneiden und die Suppe damit bestreuen.

ERBSENSUPPE MIT EIERSTICH

600 g tiefgekühlte Erbsen, 1 l Rinderbrühe, 20 g Butterschmalz, 20 g Mehl, Salz, weißer Pfeffer

Die Erbsen in der Rinderbrühe auftauen, aufkochen lassen. Durch ein Sieb abtropfen lassen. Die Hälfte der Erbsen und der Brühe mit einem Mixstab pürieren. Die andere Hälfte als Einlage beiseite stellen. Das Butterschmalz mit dem Mehl unter Rühren zu einer Einbrenne aufkochen, mit der Erbsenbrühe aufgießen, aufkochen lassen und mit Salz und frisch gemahlenem Pfeffer abschmecken. Zum Schluß die ganzen Erbsen zugeben und die Suppe warm stellen. Die Suppe mit Eierstich (Rezept s. Seite 14) servieren. ***Abbildung rechts***

LEBERKLÖSSCHENSUPPE

(für 8 Personen)

Zutaten wie Leberspätzlesuppe (Rezept S. 18), mit oder ohne Kräuter

Mit nassen Händen nicht zu große Klöße formen und mit dem Schaumlöffel vorsichtig in die kochendheiße Brühe geben. Ca. 15 Minuten, je nach Größe ziehen lassen, die Brühe darf nicht mehr kochen, da die Klöße sonst zerfallen.

BUTTERKLÖSSCHEN

125 g Butter, 1 Ei, Salz, 1 Prise Muskatnuß, feine Semmelbrösel nach Bedarf, 1 l Rinderbrühe, (Rezept s. Seite 10)

Die Butter, Ei, Salz und 1 Prise Muskatnuß schaumig rühren, langsam die Semmelbrösel zugeben, die Masse sollte geschmeidig sein. Zugedeckt ca. 30 Minuten im Kühlschrank ruhen lassen. Aus der Masse kleine Klößchen formen und in die nicht mehr kochende Fleischbrühe geben. Die Butterklößchen ca. 8 Minuten ziehen lassen, und die Suppe sofort servieren.

MARKKLÖSSCHEN

100 g Rindermark, 2 Eigelb, 50 g Semmelbrösel, 1 EL gehackte Petersilie, Salz, weißer Pfeffer

Das Mark durch ein Sieb streichen und mit einem Kochlöffel schaumig rühren. Die Eigelbe nach und nach unterrühren. Mit Semmelbrösel und der gehackten Petersilie, Prise Salz und frisch gemahlenem Pfeffer durchkneten. Mit angefeuchteten Händen walnußgroße Klößchen formen und in der heißen Brühe 10 Minuten ziehen lassen, sie dürfen nicht mehr kochen.

EIERSTICH

2 Eier, 4 EL Mehl, Salz, 1 Prise geriebene Muskatnuß, 20 g Butterschmalz

Die Eier mit der Mehl, Salz und Muskatnuß verrühren. Das Butterschmalz in einer Pfanne erhitzen und die Masse eingießen. Stocken lassen, dann die Eimasse zur Hälfte übereinander klappen. Solange weitergaren, bis der Eierstich fest ist. Auf ein Brett legen und mit einem Messer in Würfel schneiden. Die Erbsensuppe beim Servieren mit den Eierstichwürfeln garnieren.

STEINPILZSUPPE

500 g frische Steinpilze, 1 Zwiebel, 1 Knoblauchzehe, 2 EL Butter, 500 ml Rinderfond, 250 ml Sauerrahm, 1 Bund Petersilie, 1 EL Mehl, 2 EL Wasser, 4 Eigelb, Salz, Pfeffer

Die Pilze putzen, nach Möglichkeit nicht waschen, dann nicht zu klein schneiden. Die Zwiebel und Knoblauchzehe schälen und fein würfeln. DieButter in einem Topf erhitzen und die Zwiebel- und Knoblauchwürfel an-

dünsten, dann die Pilze zugeben, umrühren. Mit dem Rinderfond aufgießen und 10 Minuten kochen lassen. Den Sauerrahm einrühren. Die Petersilie waschen und fein hacken. Das Mehl mit dem Wasser anrühren, zur Suppe geben, nochmals aufkochen lassen und die Petersilie dazugeben. Die Eigelbe verquirlen und unter die nicht mehr kochende Suppe rühren. Mit Salz und frisch gemahlenem Pfeffer abschmecken.
Tip: Auch Champignons, Speisemorcheln, Pfifferlinge oder andere Pilze sind verwendbar.

ZWIEBELSUPPE

2 l Rindfleischbrühe, (Rezept s. Seite 10), 1 kg Zwiebeln, 3 EL Butter, 3 EL Schweineschmalz, 1 Knoblauchzehe

Die Fleischbrühe in einem Topf erhitzen. Die Zwiebeln schälen und in Ringe schneiden. Die Butter und das Schmalz in einer Pfanne erhitzen, und die Zwiebelringe darin anrösten. Die Knoblauchzehe schälen, halbieren und eine Suppenterrine damit ausreiben, dann die heiße Brühe einfüllen. Die gerösteten Zwiebelringe mit dem heißen Fett in die Terrine gießen. Die Suppe kann man mit gerösteten Brotwürfeln bestreut servieren.

HACKKLÖSSCHEN

Für die Hackklößchen: 1 Bund Petersilie, 1 Bund Schnittlauch, 1 Bund Dill, 1 Bund Estragon, 350 g gemischtes Hackfleisch, 1 Ei, 2 EL Semmelbrösel, 1 TL Senf, Salz, schwarzer Pfeffer. Außerdem: 1 1/2 l Rinderfond.

Für die Hackklößchen das Fleisch in eine Schüssel geben, mit Ei, Semmelbröseln, Kräutern, Senf, Salz und frisch gemahlenem Pfeffer mischen, einen Hackteig herstellen. Kleine Nockerl formen und in leicht gesalzenem Wasser 8 Minuten gar ziehen lassen. Die Brühe zum Kochen bringen, die Klößchen mit der Schaumkelle herausnehmen, zugeben und heiß servieren.

BRENNSUPPE

40 Butter, 40 g Mehl, 1 l Rinderbrühe (Rezept s. Seite 10), Salz, schwarzer Pfeffer, 1 Prise geriebene Muskatnuß, 100 ml Sauerrahm, 1 Eigelb, 1 Bund Schnittlauch

Die Butter in einem Topf erhitzen, das Mehl zugeben und unter Rühren hellbraun anschwitzen lassen. Mit der Brühe aufgießen, die Gewürze zugeben und aufkochen lassen. Den Sauerrahm mit dem Eigelb in der Suppenterrine verquirlen und mit der heißen Brühe aufgießen. Den Schnittlauch waschen, in Röllchen schneiden und über die Suppe streuen.

"POTACK'NSUPPE" FRANZOSENSUPPE

1 l Rinderbrühe (Rezept S. 10), 1 Bund Suppengrün, 1/2 Bund Majoran, 500 g Kartoffeln, Salz, schwarzer Pfeffer

Die Brühe in einen Topf geben und erhitzen. Das Suppengrün putzen, waschen und kleinschneiden. Den Majoran waschen und kleinhacken. Die Kartoffeln schälen und würfeln. Alles in die Brühe geben und 10 Minuten kochen. Die Kartoffeln dürfen nicht zerkochen. Mit Salz und frisch gemahlenem Pfeffer abschmecken.

Dazu schmeckt Bauernbrot.

BIERSUPPE MIT SCHNEEKLÖSSCHEN

1 l helles Bier, 80 g Zucker, 1 Stück Zimtstange, 1 Zitrone, Salz, 20 g Speisestärke, 2 Eigelb. Für die Klößchen: 2 Eiweiß, 1 Prise Zucker. Zum Garnieren: Zitronenmelisse, Zitronenscheiben, Späne von Zimtstangen

Das Bier mit dem Zucker und der Zimtstange aufkochen. Die Zitrone halbieren und eine Hälfte auspressen, die andere zum Garnieren in hauchdünne Scheiben schneiden. Mit Salz und Zitronensaft abschmecken. Die Speisestärke in etwas Wasser anrühren, und die Suppe damit binden. Die Eigelbe verquirlen und unter die Suppe rühren, nicht mehr kochen lassen, warm stellen. Einen großen Topf mit Wasser erhitzen. Für die Klößchen die Eiweiße und Zucker steif schlagen. Mit zwei Teelöffeln Nocken vom Eiweiß abstechen und auf das heiße Wasser setzen. Zugedeckt gar ziehen lassen. Herausnehmen und zum Servieren auf die Biersuppe setzen. Mit je 2 Blättchen der gewaschenen Zitronenmelisse, einer Zitronenscheibe und einem Stück Zimtrinde garnieren. ***Abbildung oben***

GRÜNDONNERSTAGSSUPPE

1 Zwiebel, 1 Knoblauchzehe, 2 EL Butter, 1 l Rinderbrühe (Rezept s. Seite 10), 200 ml Sauerrahm, 2 Bund gemischte Kräuter: Petersilie - Estragon - Dill - Kerbel - Kresse - Schnittlauch, 1 EL Mehl, 2 EL Wasser, 2 Eigelb, Salz, weißer Pfeffer, 1 Prise Zucker, geriebene Muskatnuß, 1 Schuß Weißwein

Die Zwiebel und Knoblauchzehe schälen und fein würfeln. Die Butter in einemTopf erhitzen, die Zwiebel und Knoblauchwürfel darin andünsten. Mit der Rinderbrühe aufgießen und 10 Minuten leicht köcheln lassen, dann den Sauerrahm einrühren. Die Kräuter waschen und fein hacken. Das Mehl mit dem Wasser anrühren und zur Suppe geben, nochmals aufkochen und die Kräuter dazugeben. Die Eigelbe verquirlen und unter die nicht mehr kochende Suppe rühren. Mit Salz, frisch gemahlenem Pfeffer, Zucker, einer Prise geriebener Muskatnuß und Weißwein abschmecken.

LEBERSPÄTZLESUPPE

(für 8 Personen)

2 l Rinderbrühe (Rezept s. Seite 10), 750 g Rinderleber, 300 g Rindfleisch, 250 g Knödelbrot oder 8 altbackene Semmeln, 4 Zwiebeln, frische Kräuter: Petersilie - Majoran - Schnittlauch - Estragon - Liebstöckl, 3 Eier, Salz, Pfeffer, Muskatnuß

Die Brühe in einem Topf zum Kochen bringen. Die Leber und das Rindfleisch durch den Fleischwolf, feine Scheibe, drehen. Das Knödelbrot in lauwarmen Wasser einweichen. Die Zwiebeln schälen und fein würfeln. Die Kräuter waschen und kleinhacken. Die Fleischmasse in eine Schüssel geben und mit den Zwiebeln, Kräutern und den Eiern vermischen. Das Knödelbrot ausdrücken und ebenfalls unterkneten. Mit Salz, frisch gemahlenem Pfeffer und etwas Muskatnuß abschmecken. Die Brühe in einem Topf zum Kochen bringen und die Masse durch ein Spätzlesieb in die heiße Fleischbrühe streichen, ca. 10 Minuten garen lassen, heiß servieren. Dazu schmeckt kerniges Bauernbrot.

Schmankerln

"KNÖCHLA-SULZ'N" KNOCHENSÜLZE

(für 8 Personen)

1/2 Schweinskopf, 2 Schweinsfüße, 2 Bund Suppengrün, 1 Zwiebel, 3 Knoblauchzehen, 300 g Schweinefleisch, Nacken oder Hals, 2 Nelken, 8 Pfefferkörner, 2 Lorbeerblätter, 4 Zitronenscheiben, 125 ml Essig. Zum Garnieren: 1 hartgekochtes Ei, 1 Essiggurke, 1 Bund Petersilie

Den Schweinskopf und die Schweinsfüße überbrühen, Kopf und Fuß etwas zerkleinern, mit 2 l kaltem Wasser ansetzen, aufkochen und abschäumen.
Das Suppengrün putzen, die Zwiebel und Knoblauchzehen schälen und zerkleinern, dann mit dem Schweinefleisch, Gewürzen, Zitronenscheiben und Essig in den Schnellkochtopf geben, 20 - 25 Minuten kochen. Im normalen Kochtopf ca. 90 Minuten kochen. Den Sud erkalten lassen und überschüssiges Fett abheben. Den Sud durch ein Sieb gießen, im Topf erhitzen und etwas einkochen lassen. Mit Salz und etwas Essig nochmals abschmecken. Das Fleisch von den Knochen lösen und mit dem Schweinefleisch in Scheiben schneiden. Das Ei und die Essiggurke in Scheiben schneiden. Acht tiefe Teller mit den Ei- und Gurkenscheiben, sowie der Petersilie auslegen bzw. garnieren.
Die Fleischscheiben darauf legen, mit dem Kochsud übergießen und kalt stellen. Die Sülze zu Bauernbrot oder Bratkartoffeln servieren.
Tip: Diese Sülze kann man auch schnell mit Bratenresten und Sülzpulver oder Gelatine, nach Anleitung auf der Pakkung, herstellen.

"HANDKÄS MIT MUSIK" MAINZER MIT ZWIEBELN

200 g Mainzer Handkäse, 1 Zwiebel, 2 EL Weinessig, 1 EL Öl

Den Käse in Scheiben schneiden und auf einer Platte anrichten. Die Zwiebel schälen und würfeln. Den Essig mit dem Öl verrühren und mit den Zwiebeln über den Käse geben. Ziehen lassen und mit Bauernbrot servieren.

GRUPFTER

100 g Quark, 100 g Camembert, 2 Ecken Schmelzkäse, 2 Eigelb, 100 g weiche Butter, 1 Zwiebel, 1/2 TL edelsüße Paprika, 1/2 TL gemahlener Kümmel, Salz, weißer Pfeffer. Zum Garnieren: Zwiebelringe und 1 Bund Radieschen

Quark mit Camembert, Schmelzkäse und der Butter, am besten mit einer Gabel, zerdrücken. Die Zwiebel schälen und fein hacken, dann unter den Käse mischen. Die Gewürze zufügen und mit Salz und frisch gemahlenem Pfeffer abschmecken. Den Gerupften auf einen Teller anrichten, mit Zwiebelringen und Radieschen garnieren. Dazu schmeckt Bauernbrot. ***Abbildung***

FRÄNKISCHER WURSTSALAT

100 g roter und weißer Hausmacherpreßsack, 100 g rote und weiße Stadtwurst, 100 g Leberkäse, 2 Zwiebeln, 2 Gewürzgurken. Für die Marinade: 2 EL Essig, 4 EL Öl, 1 EL Wasser, schwarzer Pfeffer

Den Preßsack und die Würste häuten, in Streifen schneiden und in eine Schüssel geben. Die Zwiebeln schälen, würfeln und zugeben. Die Gurken ebenfalls würfeln und zur Wurst geben. Aus Essig, Wasser, Öl und frisch gemahlenem Pfeffer eine Marinade rühren und über die Wurststreifen gießen. Gut durchmischen und durchziehen lassen. Mit Brot und einem kühlen Bier servieren.

"GWERCH AUS KÄSE" DURCHEINANDER

150 g reifer Limburger, 150 g weiche Butter, 1 Zwiebel, 1 EL edelsüßer Paprika, schwarzer Pfeffer, 3 Rettiche, Salz

Den Limburger mit der Butter zusammen, am besten mit einer Gabel zerdrücken. Die Zwiebel schälen und feinhacken, dann unter den Käse mischen. Den Käse zu einem Ballen formen, mit dem Paprika und frisch gemahlenem Pfeffer bestreuen. Dann kurze Zeit in den Kühlschrank stellen. Die Rettiche schälen und in feine Scheiben schneiden, salzen und ziehen lassen. Der Rettich wird zusammen mit dem Käse serviert. Dazu schmeckt Bauernbrot.

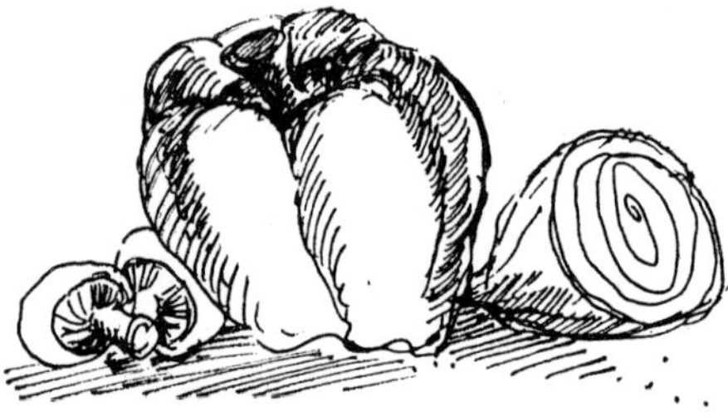

"NÜRNBERGER GWERCH" DURCHEINANDER

250 g Ochsenmaulscheiben (Rezept s. unten), 250 g Stadtwurst. Für die Salatsauce: 1 Zwiebel, 125 ml Kräuteressig, 125 ml Wasser, 4 EL Öl, Salz, Pfeffer, 1 Prise Zucker

Die Stadtwurst häuten und in Streifen schneiden. Die Zwiebel schälen und in Würfel schneiden. Aus Essig, Wasser, Öl, Salz und frisch gemahlenem Pfeffer eine Salatsauce rühren und mit etwas Zucker abschmecken. Die Wurststreifen und die Ochsenmaulscheiben in eine Schüssel geben und mit der Salatsauce durchmischen. Am besten über Nacht ziehen lassen. Den Salat mit Schwarzbrot oder dunklen Semmeln servieren.

OCHSENMAULSALAT

1 Ochsenzunge (500 g), Salz, 1 Bund Suppengrün, 1 Zwiebel, 2 Lorbeerblätter, 10 Pfefferkörner, 2 Nelken. Für die Salatsauce: 1 Zwiebel, 125 ml Kräuteressig, 75 ml Wasser, 4 EL Öl Salz, Pfeffer, 1 Prise Zucker

Die Zunge waschen, salzen und mit dem geputzten Suppengrün, der geschälten, geviertelten Zwiebel, Lorbeerblatt, Pfefferkörnern und den Nelken im Wasser zum Kochen bringen. Die Zunge 120 Minuten kochen lassen. Im Schnellkochtopf 30 Minuten. Die Zunge herausnehmen und mit kaltem Wasser abschrecken und häuten, anschließend in dünne Scheiben schneiden. In der Zwischenzeit die Zwiebel schälen und in Würfel schneiden. Aus Essig, Wasser, Öl, Salz und frisch gemahlenem Pfeffer eine Salatsauce rühren und mit etwas Zucker abschmecken. Die Ochsenmaulscheiben in eine Schüssel geben und mit der Salatsauce durchmischen. Am besten über Nacht ziehen lassen. Den Salat mit Schwarzbrot oder Vollkornsemmeln servieren.

ANSBACHER WURSTPLATTE

Je 150 g Zungenwurst, Sülze, Bierwurst. Für die Marinade: 3 EL Essig, 6 EL Öl, 1 TL scharfer Senf, 1 EL Wasser, schwarzer Pfeffer, Salz, Zucker, 1 Zwiebel, 3 Essiggurken, 2 hartgekochte Eier

Die Wurst enthäuten, in dünne Scheiben schneiden und auf einer Platte hübsch anrichten. Aus Essig, Öl, Senf, Wasser, frisch gemahlenem Pfeffer, Salz und Zucker eine Marinade rühren. Die Sauce über die Wurstscheiben gießen, etwas ziehen lassen. Die Zwiebeln schälen und in Würfel schneiden. Die Gurken würfeln und mit den Zwiebeln mischen. Die gekochten, geschälten Eier hacken und beides auf den Wurstplattenrand geben. Mit etwas Petersilie garnieren. Mit Bauernbrot oder Bratkartoffeln und Bier servieren. ***Abbildung rechts***

FORELLE SAUER

2 Forellen von ca. je 300 g, Petersilie, Dill, Salbei, 2 Nelken, 2 Knoblauchzehen, etwas Mehl, 2 EL Butter. Für die Marinade: 1 Zwiebel, 1 Karotte, Saft von 1 Zitrone, 6 EL Weinessig, 4 EL Zucker, 1 TL Pfeffer, 1/2 EL Salz, 1 EL Senf, 1 EL Senfkörner, 1 Lorbeerblatt

Die Forellen gut waschen innen und außen abtrocknen. Kopf und Flossen mit einer Küchenschere abschneiden. Die Kräuter waschen und grob hacken. Die Knoblauchzehen schälen und halbieren. Die Forellen mit den Kräutern, den Knoblauchzehen und den Nelken füllen. Mit dem Mehl einstäuben. Die Butter in einer Pfanne erhitzen und die Fische auf beiden Seiten ca. 15 Minuten braten, bis sie schön braun sind. Die Zwiebel und die Karotte schälen und in dünne Ringe bzw. in Scheiben schneiden. Aus Zitronensaft, Essig, den Gewürzen, Pfeffer, Salz, Senf, Senfkörnern und Lorbeerblatt eine Marinade rühren. Die Forellen in eine flache Schale legen und die Zwiebelringe darüberstreuen. Die Marinade darüber gießen und den Fisch über Nacht darin marinieren.

Fleisch-gerichte

SCHWEINSGULASCH MIT KLÖSSCHEN

1 Zwiebel, 60 g Schweineschmalz, 750 g Schweineschulter, 2 EL Paprika edelsüß, Salz, schwarzer Pfeffer, 1/2 TL gemahlener Kümmel, 1 Karotte, 2 l Rinderbrühe (Rezept s. Seite 10), 750 g Kartoffeln, 1 grüne Paprikaschote, 1 EL Tomatenmark, 1 Bund Petersilie. Für die Klößchen: 200 g Mehl, 2 Eier, Salz, evtl. Wasser

Die Zwiebel schälen und kleinhacken. Das Schmalz in einem Topf erhitzen und die Zwiebel darin andünsten. Das Fleisch waschen, trockentupfen und in ca. 3 cm große Würfel schneiden. Das Fleisch zu den Zwiebeln geben, mit dem Paprika, Salz, frisch gemahlenem Pfeffer und Kümmel abschmecken. Die Karotte schälen, in Scheiben schneiden, zugeben, mit der Brühe aufgießen und 90 Minuten leicht kochen lassen. In der Zwischenzeit die Kartoffeln schälen und würfeln. Die Paprikaschote waschen, halbieren, entkernen und in Streifen schneiden. Kartoffeln und Paprikaschote mit dem Tomatenmark 30 Minuten vor Ende der Garzeit zufügen und mitkochen lassen. Die Petersilie waschen und kleinhacken. Das Mehl mit Eiern und Salz zu einem dickflüssigen Teig verrühren, evtl. noch etwas Wasser zufügen, den Teig etwas stehenlassen. Den Teig auf ein mit Wasser befeuchtetes Brett geben, etwas schräg über den Topf halten, so daß der Teig langsam über den Rand läuft und mit einem Messer kleine Klößchen in die kochende Suppe schaben.
Das Gulasch mit der Petersilie bestreut servieren.

GEFÜLLTES GEMÜSE MAINTAL

Für die Füllung: 750 g Schweinehackfleisch, 2 Eier, 1 Bund Petersilie, 2 Zwiebeln, 1 Knoblauchzehe, 50 g Semmelbrösel, Salz, Pfeffer, 2 EL Butter, 125 ml Brühe. Für die Sauce: 200 ml Sauerrahm, 2 EL Ketchup

Das Hackfleisch mit den Eiern vermischen. Die Zwiebeln und die Knoblauchzehe schälen und fein hacken. Mit den Semmelbröseln, Salz und Pfeffer zum Fleischteig geben, gut durchkneten. Gemüse nach Wahl damit füllen.

"KRAUTWICKEL" GEFÜLLTES KRAUT

Fleischteig: Zutaten und Zubereitung wie "Gefülltes Gemüse Maintal". 8 Weißkrautblätter

Die Krautblätter ca. 3 Minuten in kochendem Wasser blanchieren und unter kaltem Wasser abschrecken. Den Fleischteig auf die Krautblätter aufstreichen. Die Blätter aufrollen, die Seiten einklappen und mit einer Rouladenklammer oder Küchengarn umwickeln. Die Krautwickel nebeneinander in einen Topf legen, Butter zugeben und kurz von allen Seiten anbraten. Die Brühe zugießen und im geschlossenen Topf ca. 30 Minuten garen. Die Sauce mit Sauerrahm und Ketchup abrunden. Dazu schmecken Salzkartoffeln.

GEFÜLLTE PAPRIKASCHOTEN

Fleischteig: Zutaten und Zubereitung wie "Gefülltes Gemüse Maintal". 4 große rote oder grüne Paprikaschoten

Von den Paprikaschoten einen Deckel abschneiden, von Kernen befreien und von innen und außen gründlich waschen. Den Fleischteig einfüllen, Deckel aufsetzen und in einen Topf, stehend nebeneinander, setzen. Weiterverarbeiten wie "Gefülltes Kraut".
Dazu schmeckt Kartoffelbrei.

"SCHÄUFERLE-BRATEN" SCHWEINEBRATEN

1 1/2 kg Schweineschulter mit Schwarte, 2 EL Salz, weißer Pfeffer, 2 Knoblauchzehen, 1 Rosmarinzweig, 2 Blatt Salbei, 1 Zwiebel, 2 Karotten, 1 Lorbeerblatt, 2 Nelken, 125 ml helles Bier, 2 EL Sauerrahm

Das Fleisch unter kaltem Wasser abspülen und trockenreiben. Die Schwarte mit einem scharfen Messer rautenförmig einschneiden. Aus Salz, frisch gemahlenem Pfeffer, den ausgepreßten Knoblauchzehen, den gewaschenen, gehackten Kräutern eine Paste mischen und das Fleisch damit einreiben. 30 Minuten einziehen lassen. Die Zwiebel schälen, mit dem Lorbeerblatt und den Nelken spicken. Die Karotten schälen und vierteln. Das Fleisch in die Bratreine legen, die Zwiebel und die Karottenviertel dazugeben. Den Backofen auf 220 Grad vorheizen und den Braten 2 Stunden garen. Hin und wieder mit

Bier begießen. Die letzten 10 Minuten den Grill dazuschalten und das Fleisch knusprig braun fertigbraten.
Den Bratenfond mit etwas Wasser lösen und durch ein Sieb in einen Topf gießen. Den Sauerrahm einrühren, eventuell mit Salz und frisch gemahlenem Pfeffer abschmecken.
Das Fleisch in Scheiben schneiden und mit der Sauce zu echt bayerischen Klößen (Rezept s. Seite 70), mit Petersilie bestreut, und mit frischen Blattsalaten oder feinen Gartengemüsen servieren. ***Abbildung links***

"SCHWEINFURTER BLAUE ZIPFEL" SAURE BRATWÜRSTE

Für den Sud: 2 l Wasser, 250 ml Weinessig, 2 EL Salz, 10 Pfefferkörner, 6 Wacholderbeeren, 1 Lorbeerblatt, 4 große Zwiebeln, 12 Paar kleine Nürnberger Bratwürstchen

Für den Sud das Wasser mit Essig, Salz und den Gewürzen in einen Topf geben und aufkochen lassen. Die Zwiebeln schälen, in Scheiben schneiden, zum Sud geben und 5 Minuten kochen lassen. Die Bratwürstchen einlegen und 15 Minuten ziehen lassen.
Die sauren Zipfel mit etwas Brühe und den Zwiebeln zu Bauernbrot servieren.

WÜRZBURGER SCHLACHTSCHÜSSEL

1 Zwiebel, 50 g Schweineschmalz, 750 g Sauerkraut, 2 Lorbeerblätter, 6 Wacholderbeeren, 4 Pfefferkörner, Salz, Pfeffer, 400 g Wellfleisch (Bauchfleisch), 125 ml Weißwein, Salz, Pfeffer, 1 Prise Zucker, 4 frische Blutwürste, 4 frische Leberwürste, 4 Fränkische Bratwürste

Die Zwiebel schälen und kleinwürfeln. Das Schmalz in einen Topf geben und die Zwiebeln darin andünsten. Das Kraut und die Gewürze zugeben und durchrühren. Mit dem Wein aufgießen und das Wellfleisch zugeben. Im geschlossenen Topf ca. 50 Minuten leicht kochen lassen. Im Schnellkochtopf ca. 15 Minuten. Das Kraut mit Salz, Pfeffer und einer Prise Zucker pikant abschmecken. Die Würste darauf legen und nochmals erhitzen. Das Sauerkraut auf einer großen Platte anrichten, das Fleisch und die Würste obenauflegen. Die Schlachtschüssel mit Landbrot, Senf und Kren servieren.

KALBFLEISCH MIT SPARGEL

500 g Kalbslende, 1 Bund Frühlingszwiebeln, 2 EL Butter, 1 TL Mehl, 125 ml Kalbsfond, 125 ml Weißwein, 500 g Spargel, 250 g Champignons, Salz, weißer Pfeffer, 1 Eigelb, 200 ml Sauerrahm, 1 Bund gemischte Kräuter

Das Fleisch waschen, trockentupfen und in Streifen schneiden. Die Frühlingszwiebeln putzen, waschen und in 3 cm große Stücke schneiden. Die Butter in einer Pfanne erhitzen und das Fleisch mit den Frühlingszwiebeln darin anbraten. Das Mehl darüber stäuben und danach mit dem Kalbsfond und Weißwein aufgießen. Den Spargel schälen, die Enden abschneiden, in 3 cm große Stücke zerteilen, zum Fleisch geben und alles 25 Minuten garen. Die Champignons putzen, wenn nötig waschen, blättrig aufschneiden und die letzten 5 Minuten mitgaren. Mit Salz und frisch gemahlenem Pfeffer abschmecken. Das Eigelb mit dem Sauerrahm verrühren und untermischen. Die Kräuter waschen, klein schneiden und zum Schluß zugeben.

Mit Spinatnudeln oder Bauchstecherla (Rezept s. Seite 69), servieren.

KRONFLEISCH

(für 6 Personen)

1,5 kg Kronfleisch (Zwerchfellfleisch vom Rind), 2 Bund Suppengrün, 1 Bund Petersilie, 1 1/2 l Wasser, Salz, Pfeffer, Schnittlauch

Das Fleisch kalt waschen und trockentupfen, eventuelle Hautlappen abschneiden. Das Suppengrün putzen, waschen und grob schneiden. Die Petersilie waschen und grob hacken. Das Gemüse mit der Petersilie in leicht gesalzenem Wasser aufkochen lassen. Das Kronfleisch zufügen und bei schwacher Hitze 20 Minuten ziehen lassen. Das Fleisch aus der Brühe nehmen und in breite, schräge Scheiben aufschneiden. Das Fleisch sollte innen noch leicht rosa sein. Den Schnittlauch waschen und in Röllchen schneiden. Die Fleischscheiben auf einem Holzteller anrichten, mit Salz und Schnittlauchröllchen bestreuen.
Dazu paßt frisch geriebener Kren (Meerrettich) oder eine Kren-Sauce (Rezept s. Seite 91) und Bauernbrot.

RINDERSCHMORBRATEN IN BIER

500 ml Rinderfond oder Brühe, 1/2 l Bier, 1 kg Rindfleisch (Schwanzstück), Salz, schwarzer Pfeffer, 1 Zwiebel, 1 Lorbeerblatt, 250 g Karotten, 1 Kohlrabi, 2 Stangen Bleichsellerie, 1 Stange Lauch, 1 kleiner Wirsingkohl

Das Fleisch kalt abspülen und trockentupfen. Die Brühe mit dem Bier in einem großen Topf aufkochen und das Fleisch hineingeben. Bei mittlerer Hitze leicht kochen lassen. Salz, Pfeffer, die geschälte Zwiebel und das Lorbeerblatt zufügen. In der Zwischenzeit das Gemüse putzen, waschen, die Kohlrabi schälen und würfeln. Den Bleichsellerie, den Lauch und die Karotten in Stücke, den Wirsing in Viertel oder Achtel, je nach Größe, schneiden. Nach 90 Minuten die Zwiebel und das Lorbeerblatt herausnehmen und das Gemüse zum Fleisch geben. Noch weitere 15 Minuten kochen lassen. Das Fleisch aus der Brühe nehmen und in fingerdicke Scheiben schneiden.

FRÄNKISCHE KALBSHAXN

1 Kalbshaxn (ca. 2 kg), 2 Zwiebeln, 2 Karotten, 1 Stange Lauch, 1 Stück Sellerie, 2 Knoblauchzehen, Salz, Pfeffer, gemahlener Kümmel, 50 g Schweineschmalz, 200 ml Sauerrahm

Die Haxn waschen, trockentupfen und mit einem scharfen Messer die Speckschwarte rautenförmig einschneiden. Die Zwiebeln schälen und grob hacken, Die Karotten schälen und vierteln. Den Lauch putzen, waschen und halbieren. Den Sellerie schälen und würfeln. Die Knoblauchzehen schälen und durch die Presse drücken. Die Haxn mit Salz, frisch gemahlenem Pfeffer und Knoblauch einreiben, dann in eine Bratreine legen, das Schweineschmalz und das Gemüse zugeben. Unter mehrmaligem Begießen mit Wasser, mehrmals Wenden. Die Haxn im Backrohr ca. 2 Stunden bei 220 Grad garen, nach Hälfte der Garzeit auf 180 Grad zurückschalten. Zum Schluß die Haxn auf den Rost legen und unter dem Grill noch 10 Minuten knusprig fertigbraten. In der Zwischenzeit mit 250 ml Wasser den Bratenfond lösen, mit dem Gemüse durch ein Sieb streichen und mit dem Sauerrahm verfeinern, eventuell noch mit Salz und Pfeffer abschmecken.
Mit bayerischen Kräuterklößen (Rezept s. Seite 70), Bauchstecherla (Rezept s. Seite 69), Sauerkraut (Rezept s. Seite 56), und gemischtem Salat servieren.

Abbildung rechts

KRENFLEISCH

1,5 kg Rindfleisch (am besten Bug), Salz, schwarzer Pfeffer, 30 g Butterschmalz, 1 Zwiebel, 1 Stange Kren (Meerrettich), 1 säuerlicher Apfel, 250 ml Rinderfond, 2 EL Semmelbrösel, 200 ml Sauerrahm

Das Fleisch kalt abspülen und trockentupfen. Mit Salz und Pfeffer einreiben. Das Butterschmalz in einer Pfanne erhitzen und die geschälte und gewürfelte Zwiebel darin andünsten. Den Kren und den Apfel schälen, dann reiben. Das Fleisch mit den Zwiebelwürfeln, von allen Seiten anbraten und in eine Bratreine geben. Mit einem Teil der Brühe aufgießen, den Kren und Apfel zugeben und mit geschlossenem Deckel 90 - 120 Minuten schmoren lassen. Hin und wieder mit der Brühe begießen. Die Sauce mit den Semmelbröseln binden und mit dem Rahm verfeinern, eventuell noch mal abschmecken.

GEBACKENER KALBSKOPF

1/2 Kalbskopf. Für den Sud: 2 l Wasser, Salz, Essig nach Geschmack, 1 Bund Suppengrün, 2 Zwiebeln, 2 Lorbeerblätter, 6 Pfefferkörner, 4 Wacholderbeeren, 2 EL Senf, Salz, Pfeffer. Zum Panieren: 1 Ei, 50 g Mehl, 100 g Semmelbrösel. Zum Ausbacken: 1,5 kg Pflanzenfett. Zum Garnieren: 1 Zitrone in Spalten, 1 Bund Petersilie

Den Kalbskopf gut waschen. Mit dem Wasser, Salz, Essig, dem geputzten Suppengrün, den geschälten, geviertelten Zwiebeln und den Gewürzen einen Sud kochen, den Kalbskopf darin ca. 1 1/2 Stunden kochen lassen. Herausnehmen und etwas abkühlen lassen. Das Fleisch vom Kopf lösen, in Portionsstücke aufteilen und am besten über Nacht erkalten lassen. Die Portionsstücke mit Senf bestreichen und mit Salz und frisch gemahlenemPfeffer würzen. Das Ei verquirlen und das Mehl mit den Semmelbröseln mischen. Die Fleischstücke erst im Ei und dann in der Mehlpanade wenden. Das Fett in einer Pfanne erhitzen und die Fleischstücke darin ca. 5 Minuten goldgelb herausbacken.
Auf einer heißen Platte, mit Zitronenspalten und Petersiliensträußchen garniert, servieren. Dazu paßt sehr gut ein Gmanschi (Kartoffelsalat, Rezept s. Seite 70) oder ein gemischter Salat.

KALBSRAGOUT MIT GEMÜSE

1 Zwiebel, 60 g Butter, 750 g Kalbschulter, 2 EL Paprika edelsüß, Salz, schwarzer Pfeffer, 1 Karotte, 250 ml Kalbsfond, 250 g Kartoffeln, 1 grüne Paprikaschote, 1 EL Tomatenmark, 1 Bund Petersilie

Die Zwiebel schälen und kleinhacken. Die Butter in einem Topf erhitzen und die Zwiebelwürfel darin glasig dünsten. Das Fleisch waschen, trockentupfen und in ca. 3 cm große Würfel schneiden. Das Fleisch zu den Zwiebeln geben, mit dem Paprika, Salz und frisch gemahlenem Pfeffer abschmecken.

Die Karotte schälen, in Scheiben schneiden, zugeben, mit dem Fond aufgießen und 60 Minuten leicht kochen lassen. In der Zwischenzeit die Kartoffeln schälen und in Würfel schneiden. Die Paprikaschote, waschen, halbieren, entkernen und in Streifen schneiden. Kartoffeln und Paprikaschote mit dem Tomatenmark 30 Minuten vor Ende der Garzeit zufügen, mitkochen lassen. Die Petersilie waschen und kleinhacken. Das Kalbsragout mit der Petersilie bestreuen und heiß mit Butternudeln servieren.

FRÄNKISCHER SAUERBRATEN

1 kg Rindfleisch vom Schlegel. Für die Beize: 750 ml Wasser, Salz, 250 ml Essig, 1 Bund Suppengrün, 2 Zwiebeln, 2 Lorbeerblätter, 6 Pfefferkörner, 4 Wacholderbeeren.
Zum Braten: 50 g Schweineschmalz, 50 g Speck in Scheiben, 500 ml von der Beize. Für die Sauce: 2 EL Butter, 2 EL Zucker, 1 EL Mehl, 1 Saucenlebkuchen, 200 ml Sauerrahm, 75 ml Franken-Weißwein, 100 g Rosinen, Salz, Pfeffer

Das Fleisch unter kaltem Wasser abspülen und trockentupfen. Mit dem Wasser, Salz, Essig, dem geputzten Suppengrün, den geschälten, geviertelten Zwiebeln und den Gewürzen eine Beize kochen. Das Fleisch einlegen, zudecken und 3 - 8 Tage kalt stellen. Das Fleisch aus der Beize nehmen, abtrocknen und eventuell noch etwas häuten. Schmalz im Bräter erhitzen und das Fleisch von allen Seiten gut anbraten. Den Sauerbraten mit den Speckscheiben belegen und 1 1/2 Stunden bei 220 Grad zugedeckt schmoren lassen. Hin und wieder mit der Beize begießen. Für die Sauce aus Butter, Zucker, und Mehl eine Einbrenne (Mehlschwitze) herstellen, mit etwas Beize, Sauerrahm und Weißwein aufgießen. Den Saucenlebkuchen reiben und mit den Rosinen zugeben, kochen, bis die Sauce sämig ist. Mit Salz und Pfeffer abschmecken. Den Braten aufschneiden und mit der Sauce zu Halbseidenen Klößen (Rezept s. Seite 71) und Blaukraut (Rezept s. Seite 56) servieren.

GEFÜLLTE GROSSE RINDSROULADE

300 g tiefgekühlter Blattspinat, 1 kg Rinderschulter ohne Knochen, Salz, Pfeffer, 60 g Butterschmalz, 1 Zwiebel, 200 g Rinderhackfleisch, 500 ml Rinderbrühe, Rotwein, 100 ml Sauerrahm

Den Blattspinat auftauen und abtropfen lassen. Das Fleisch waschen, trockentupfen und so schneiden, daß es sich aufklappen läßt, etwas flachklopfen. Mit Salz und frisch gemahlenem Pfeffer innen und außen einreiben. Den Blattspinat darauf legen. Die Hälfte vom Butterschmalz in einer Pfanne erhitzen.

Die geschälte, gewürfelte Zwiebel darin andünsten, das Hackfleisch zugeben und unter Rühren anbraten. Abkühlen lassen und auf dem Spinat verteilen. Die Roulade zusammenrollen und mit Küchengarn umwickeln. Das restliche Butterschmalz in einem Bräter erhitzen und die Roulade darin von allen Seiten anbraten. Zugedeckt 2 Stunden schmoren lassen. Hin und wieder wenden und mit etwas Brühe begießen. Den Bratenfond loskochen und mit einem Schuß Rotwein verfeinern, mit Salz und frisch gemahlenem Pfeffer abschmecken. Zum Schluß die Sahne unterrühren. Die Roulade in Scheiben schneiden, getrennt mit der Sauce, mit Kartoffelbrei oder Salzkartoffeln und Blaukraut (Rezept s. Seite 56), servieren.
Tip: Das Rezept läßt sich auch mit 4 Rind-, Kalb- oder Schweinefleischrouladen zubereiten. ***Abbildung links***

HAMMEL-KRAUT-TOPF

750 g Hammel- oder Lammfleisch aus der Schulter, Salz, schwarzer Pfeffer, 1 EL Kümmel, 4 EL Pflanzenöl, 1 Zwiebel, 1 Knoblauchzehe, 1 1/2 l Fleischbrühe, 500 g Weißkraut, 500 g Fleischtomaten, 2 Kartoffeln, 1 Bund Petersilie

Das Fleisch waschen, trockentupfen und in Würfel schneiden, mit Salz, frisch gemahlenem Pfeffer und Kümmel würzen. Das Öl in einer Pfanne erhitzen und die Fleischwürfel anbraten. Die Zwiebel schälen und kleinwürfeln. Die Knoblauchzehe schälen und durch die Presse drücken. Beides zum Fleisch geben und andünsten. Mit der Brühe (Rezept s. Seite 10) aufgießen und 75 Minuten garen lassen. Den Strunk aus dem Kraut schneiden, die Deckblätter entfernen und das Kraut vierteln und in Streifen schneiden. Die Tomaten kurz in kochendes Wasser tauchen, häuten, vierteln, entkernen und in grobe Stücke zerteilen. Das Kraut und die geschälten, gewürfelten Kartoffeln 30 Minuten vor Ende der Garzeit zugeben. 10 Minuten vor Ende der Garzeit die Tomaten beifügen.
Die Petersilie waschen, kleinhacken und vor dem Servieren über den Hammeltopf streuen.

LAMM-GEMÜSE-TOPF

(für 6 Personen)

750 g Lammfleisch, 2 EL Olivenöl, 1 1/2 l Brühe, 250 g Karotten, 250 g weiße Rüben, 250 g Lauch, 500 g Kartoffeln, 80 g Graupen, 100 g durchwachsener Speck, 1 Zwiebel, 1/2 Bund Petersilie

Das Fleisch waschen, trockentupfen und in Würfel schneiden. Das Öl in einem Topf erhitzen und das Fleisch rundum anbraten. Mit der Brühe aufgießen und zugedeckt 45 Minuten leicht kochen lassen. Die Karotten und die Rüben schälen, dann in Scheiben schneiden. Den Lauch putzen, in Ringe schneiden und waschen. Die Kartoffeln schälen und in Scheiben schneiden. Das Gemüse mit den Graupen 30 Minuten vor Ende der Garzeit zum Fleisch geben. Den Speck fein würfeln und auslassen. Die Zwiebel schälen und würfeln, dann im ausgelassenen Speck andünsten. Die Petersilie waschen und kleinhacken. Das Lamm-Gemüse vor dem Servieren mit der Speck-Zwiebelmischung begießen und mit Petersilie bestreuen.
Den Topf mit Bauernbrot servieren.

LAMMKEULE SPESSART

1 kg Lammkeule ohne Knochen, grober Pfeffer, Salz, 1 EL Senf, gemahlener Kümmel, 100 g durchwachsener Speck, 4 Knoblauchzehen, 2 große Zwiebeln, 3EL Öl, 1 Bund Suppengrün, 2 Salbeiblätter, 1 Zweig Rosmarin, 1 Zweig Thymian, 4 Wacholderbeeren, 1 Lorbeerblatt, 125 ml Rotwein, Salz, Pfeffer, 200 ml Sauerrahm

Die ausgebeinte Lammkeule an der Fettseite mit einem scharfen Messer rautenförmig einschneiden. Innen mit grobem Pfeffer, Salz, Senf und gemahlenem Kümmel einreiben. Den Speck in Würfel schneiden, die Zwiebel und Knoblauchzehen schälen, kleinhacken und alles in die Lammkeule füllen. Die Keule zusammenklappen und mit Küchengarn zusammenbinden. Die Keule von außen mit Salz und Pfeffer einreiben. Das Öl in einem Topf erhitzen und die gefüllte

Lammkeule darin von allen Seiten schön braun anbraten. Das Suppengrün putzen, waschen, grob zerkleinern und mit den gewaschenen Kräutern zum Fleisch geben. Mit dem Wein aufgießen und zugedeckt 50 Minuten garen. Die Keule aus dem Topf nehmen und noch etwas ruhen lassen. In der Zwischenzeit den Bratenfond lösen, mit Salz und Pfeffer abschmecken und den Rahm unterrühren.

Die Lammkeule aufschneiden, sie müßte innen noch rosa sein, und mit grünen Bohnen und Serviettenklößen (Rezept s. Seite 71) oder Folienkartoffeln mit Kräuter-Sauce mit Knoblauch servieren. Dazu paßt ein guter Rotwein oder ein kühles Bier.

LAMM-TERRINE

750 g Lammschulter, 3 EL Butter, 2 Zwiebeln, 2 Knoblauchzehen, 1 EL Curry, Salz, schwarzer Pfeffer, 1/2 TL Paprika edelsüß, 750 ml Brühe, 250 g Kartoffeln, 500 g Fleischtomaten, 1 Bund Frühlingszwiebeln

Das Fleisch waschen, trockentupfen und in kleine Würfel schneiden. Die Butter in einem breiten Topf erhitzen und das Fleisch darin anbraten. Die Zwiebeln und Knoblauchzehen schälen, würfeln bzw. durch die Presse drücken. Beides zum Fleisch geben und andünsten. Mit den Gewürzen abschmecken und 5 Minuten dünsten. Mit der Brühe aufgießen und 40 Minuten leicht kochen lassen. In der Zwischenzeit die Kartoffeln schälen. Die Tomaten kurz in kochendes Wasser tauchen, schälen, vierteln, entkernen und in grobe Stücke schneiden. Die Kartoffeln nach 20 Minuten, die Tomaten 10 Minuten vor Ende der Garzeit zugeben. Die Frühlingszwiebeln putzen, waschen, in Ringe schneiden und 5 Minuten vor Ende der Garzeit zum Lamm geben.

Mit Bauchstecherla (Rezept s. Seite 69) servieren.

Innereien

KALBSZÜNGERL IN WEINSAUCE

2 Kalbszungen (je 300 g), Salz, 1 Bund Suppengrün, 1 Zwiebel, 2 Lorbeerblätter, 10 Pfefferkörner, 2 Nelken. Für die Sauce: 3 EL Butter, 2 EL Mehl, 250 ml von der Zungenbrühe, 100 ml Sauerrahm, Salz, Pfeffer, 125ml Weißwein

Die Zunge waschen, salzen und mit dem geputzten Suppengrün, der geschälten, geviertelten Zwiebel, Lorbeerblättern, Pfefferkörnern und den Nelken im Was-ser zum Kochen bringen. Die Zunge 90 Minuten kochen lassen. Im Schnellkochtopf 25 Minuten. Die Zunge herausnehmen und mit kaltem Wasser abschrecken und häuten, anschliessend in Scheiben schneiden. Für die Sauce Butter und Mehl in einem Topf miteinander verrühren und eine hellbraune Einbrenne herstellen. Mit der Brühe aufgießen und den Sauerrahm unterrühren. Mit Salz, Pfeffer und dem Weißwein abschmecken. Die Zungenscheiben in die Sauce zurücklegen und erhitzen.

Mit Kartoffelbrei, grünen Erbsen oder Champignons servieren.

Tip: Nach dem gleichen Rezept kann man auch eine Rinder- oder Schweinezunge zubereiten, die Garzeit beträgt 120 Minuten. ***Abbildung rechts***

SAURES ZEUG - LEBER

500 g Rinder- oder Schweineleber, 1 Zwiebel, 50 g Butter, 2 EL Mehl, 250 ml Brühe, 1 EL Zitronensaft, 200 ml Sauerrahm, Salz, Pfeffer, 1 TL Zucker

Die Leber von Sehnen und Haut befreien, dann in Stücke schneiden. Die Zwiebel schälen und würfeln. Die Zwiebelwürfel in der Butter andünsten und die Leberstücke zugeben. Das Mehl über die Leber stäuben und gut miteinander verrühren, dann mit der Brühe aufgießen. Die Leber in der Sauce 5 Minuten leicht köcheln lassen. Den Zitronensaft zugeben und den Sauerrahm unterrühren. Mit Salz, Pfeffer und Zucker abschmecken.
Die Leber mit Kartoffelbrei oder Salzkartoffeln servieren.

SAURES ZEUG - LÜNGERL

500 g Kalbslunge, Salz, 2 Zwiebeln, 50 g Butter, 2 EL Mehl, 250 ml Brühe, 2EL Weinessig, 200 ml Sauerrahm, Salz, Pfeffer, 1 TL Zucker

Die vorbereitete Lunge gründlich waschen und im ganzen in Salzwasser ca. 50 Minuten weich kochen. Etwas abkühlen lassen und in feine Streifen schneiden. Die Zwiebeln schälen, würfeln und in der Butter andünsten. Die Lungenstreifen zugeben. Das Mehl über die Lunge stäuben und gut miteinander verrühren, dann mit der Brühe aufgießen. Die Leber in der Sauce 5 Minuten leicht köcheln lassen. Den Weinessig zugeben und den Sauerrahm unterrühren. Mit Salz, Pfeffer und Zucker abschmecken.
Das saure Lüngerl in tiefen Tellern mit Klößen (Rezept s. Seite 71) servieren.

HÜHNERLEBER MIT FRÜHLINGSZWIEBELN

600 g Hühnerleber, 2 Bund Frühlingszwiebeln, 6 EL Sonnenblumenöl.
Für die Sauce: 125 ml Gemüsefond, 2 EL Speisestärke,
1 EL trockener Sherry, 1 Prise Salz, schwarzer Pfeffer

Die Leber unter fließendem Wasser kurz abwaschen und trockentupfen. Mit einem scharfen Messer häuten und in Stücke schneiden. Die Frühlingszwiebeln putzen, waschen und in schräge 5 cm lange Stücke teilen. Das Öl in einer Pfanne erhitzen und die Frühlingszwiebeln unter Rühren 2 Minuten anbraten, die Leber zugeben und 5 Minuten dünsten. Den Fond zugeben und aufkochen lassen. Die Speisestärke mit dem Sherry verrühren, dann zur Leber geben, unter Rühren aufkochen lassen, bis die Sauce sämig wird.
Mit Salz und frisch gemahlenem Pfeffer abschmecken.

Geflügel

KIRCHWEIHGANSL

(für 6 Personen)

1 Bauern-Gans (ca. 2 - 3 kg), Salz, Pfeffer, 2 Zweige Beifuß, 2 Zwiebeln, 1 Bund Suppengrün, 125 ml helles Bier, 100 ml Schlagrahm (süße Sahne)

Die ausgenommene, gewaschene und getrocknete Gans von innen und außen mit Salz und Pfeffer einreiben. Die Beifußzweige in die Bauchhöhle stecken. Die Zwiebeln schälen und vierteln. Das Suppengrün putzen und waschen. Die Gans auf den Bratrost legen, die Zwiebeln und das Suppengrün, mit etwas Wasser in die Fettpfanne darunterlegen. Die Gans bei 200 Grad ca. 2 - 3 Stunden unter mehrmaligem Wenden braten, 20 Minuten vor Ende der Bratzeit, mehrmals mit Bier oder Bratenfond begießen. Zwischendurch eventuell Fett aus der Pfanne abschöpfen. Die Sauce aus der Fettpfanne durch ein Sieb in einen Topf gießen, entfetten und mit dem Schlagrahm verfeinern. Die Gans tranchieren und heiß mit der Sauce, rohen Kartoffelklößen (Rezept s. Seite 71), Blaukraut (Rezept s. Seite 57) oder Krautsalat servieren.

Tip: Die Gans kann auch gefüllt werden, die Geflügelfüllung (Rezept s. Seite 45) in den Bauchraum stopfen mit Holzstäbchen oder Küchengarn verschließen. Die Garzeit der Gans erhöht sich durch die Füllung um die Hälfte.

GEFÜLLTE BAUERNENTE

1 Bauernente (ca. 2,5 kg), Salz, Pfeffer, 2 Zwiebeln, 2 Äpfel, 1 Bund Petersilie, 1 Bund Suppengrün, 125 ml Brühe, 100 ml Schlagrahm (süße Sahne)

Die ausgenommene, gewaschene und getrocknete Ente von innen und außen mit Salz und Pfeffer einreiben. Die Zwiebeln und die Äpfel schälen und vierteln, bei den Äpfeln das Kerngehäuse entfernen. Die Petersilie waschen und kleinhacken. Die Zwiebel und Apfelwürfel mit der Petersilie mischen und die Ente damit füllen. Die Öffnung mit einem Holzspieß verschließen. Das Suppengrün putzen und waschen. Die Ente auf den Bratrost oder in die Bratreine legen, das Suppengrün, mit etwas Wasser in die Fettpfanne darunter oder in die Bratreine legen. Die Ente bei 175 Grad ca. 2 Stunden unter mehrmaligem Wenden braten und 20 Minuten vor Ende der Bratzeit mit dem Bratenfond begießen. Zwischendurch eventuell Fett aus der Pfanne abschöpfen. Die Sauce aus der Fettpfanne, durch ein Sieb in einen Topf gießen, entfetten und mit dem Schlagrahm verfeinern. Die Ente tranchieren und heiß mit der Sauce, Kartoffelklößen und Blaukraut servieren.

Tip: Die Ente kann auch mit der Geflügelfüllung (Rezept unten) gefüllt werden, die Garzeit erhöht sich dadurch um die Hälfte und die Ente reicht für 6 Personen.

Abbildung links

GEFLÜGELFÜLLUNG

Semmelfüllung: 200 ml Milch, 2 altbackene Semmeln, 1 Bund Petersilie, 1 Zwiebel, 40 g Butter, 2 Eier, Salz, Pfeffer, gemahlene Muskatnuß

Die Milch lauwarm erhitzen. Die Rinde von den Semmeln mit einer Reibe abreiben, in Scheiben schneiden, würfeln und in der Milch einweichen. Die Petersilie waschen und feinhacken. Die Zwiebel schälen und würfeln. Die Butter in der Pfanne erhitzen, die Petersilie und Zwiebelwürfel darin andünsten und zu den Semmelwürfeln geben. Die Eier zugeben und gut untermischen. Mit Salz, Pfeffer und gemahlener Muskatnuß abschmecken. Die Füllung 10 Minuten ruhen lassen und dann das Geflügel damit füllen.

HÜHNER FRIKASSEE

600 g Hühnchenbrust, 1 Bund Frühlingszwiebeln, 2 EL Butter, 1 TL Mehl, 125 ml Geflügelfond, 125 ml Franken Weißwein, 150 g Champignons, Salz, weißer Pfeffer, 1 Eigelb, 200 ml Schlagrahm, 1 Bund gemischte Kräuter

Die Hühnchenbrust waschen, trockentupfen und in Streifen schneiden. Die Frühlingszwiebeln putzen, waschen und in Ringe schneiden. Die Butter in einer Pfanne erhitzen und das Fleisch mit den Frühlingszwiebeln darin anbraten. Das Mehl darüber stäuben, mit Fond und Weißwein aufgießen, dann 10 Minuten garen. Die Champignons putzen, wenn nötig waschen, blättrig aufschneiden und zugeben, dann nochmals 5 Minuten mitgaren. Mit Salz und frisch gemahlenem Pfeffer abschmecken. Das Eigelb mit der Sahne verrühren und untermischen. Die Kräuter waschen, kleinschneiden und zum Schluß zugeben. Das Hühner-Frikassee heiß mit Butter-Reis servieren.

PUTENRAGOUT MIT SALBEI

600 g Putenfilet, 500 g Gemüsetomaten, 1 Bund Frühlingszwiebeln, 50 ml Sonnenblumenöl, 2 Salbeiblätter, Salz, schwarzer Pfeffer, 250 ml Geflügelfond oder Hühnerbrühe, 500 g Zucchini, 1 Knoblauchzehe, 1 Bund Petersilie

Das Fleisch waschen, trockentupfen und in Würfel schneiden. Die Tomaten kurz in kochendes Wasser tauchen, häuten, vierteln, entkernen und in grobe Stücke teilen. Die Frühlingszwiebeln putzen, waschen und in Ringe schneiden. Das Öl in einer Pfanne erhitzen, das Fleisch und die Frühlingszwiebeln 5 Minuten anbraten, die Tomaten, die Salbeiblätter zugeben, mit Salz und frisch gemahlenem Pfeffer abschmecken. Mit der Brühe aufgießen. Die Zucchini waschen und in Scheiben schneiden. Den Knoblauch schälen, durch die Presse drücken und zu den Zucchini geben. Die Zucchini zum Fleisch und den Tomaten geben, dann zugedeckt 10 Minuten garen lassen. Die Petersilie waschen, kleinhacken und über das fertige Ragout streuen. Das Ragout mit Kartoffelbrei als Beilage servieren.

HÜHNCHEN NACH WINZER ART

1 Hühnchen (1,2 kg), Salz, weißer Pfeffer, 4 EL Butter, 250 ml trockener, weißer Frankenwein, 4 Schalotten, 250 g Champignons, 250 g weiße Weintrauben, 1 EL Butter, 1/2 Bund Estragon, Salz, weißer Pfeffer

Das Hühnchen waschen, trockentupfen und portionieren. Die Teile mit Salz und frisch gemahlenem Pfeffer einreiben. Die Butter in einem Topf zerlassen und die Geflügelteile rundum anbraten. Den Wein zugeben, und die Teile 25 Minuten zugedeckt bei mäßiger Hitze schmoren lassen. Die Schalotten schälen und fein hacken. Die Champignons putzen, wenn nötig waschen und blättrig aufschneiden. Die Trauben waschen, abtropfen lassen und von den Stielen zupfen. Schalotten, Champignons und Trauben in den Topf geben, mit Butter andünsten und 5 Minuten schmoren lassen. Den Estragon waschen, kleinschneiden und untermischen, mit Salz und frisch gemahlenem Pfeffer abschmecken.

Das Hühnchen in der Sauce mit gebackenen Kartoffeln (Rezept s. Seite 68) und Weißwein servieren.

TÄUBCHEN FRÄNKISCHE ART

4 frische Täubchen, Salz, schwarzer Pfeffer, 2 Zweige Rosmarin, 60 g Butter, 100 ml Schlagsahne

Die ausgenommenen und gewaschenen Täubchen abtrocknen und von innen und außen mit Salz und frisch gemahlenem Pfeffer einreiben. Aus der Hälfte der Zutaten "Geflügelfüllung" (Rezept s. Seite 45) die Füllung zubereiten und die Täubchen damit füllen. Die Butter in einem Topf erhitzen und die Täubchen darin von allen Seiten mit dem Rosmarin anbraten. Den Backofen auf 200 Grad vorheizen und die Täubchen zugedeckt 30 Minuten braten, herausnehmen und warmstellen. Den Bratenfond mit der Schlagsahne aufkochen und die Sauce abschmecken. Die Täubchen auf eine Platte legen und mit der Sauce, Kartoffelpuffer (Rezept s. Seite 72) und grünem Salat servieren.

Wild

HASBERGER HASENTOPF

(für 6 Personen)

1,5 kg Stallhase, 500 g Schalotten,
4 EL Olivenöl, 1 Salbeizweig, Salz, schwarzer Pfeffer,
3 EL Mehl, 500 ml Buttermilch, 2 EL Weinbrand

Den küchenfertigen Hasen waschen, trockentupfen und in acht Teile zerlegen. Die Schalotten schälen. Das Olivenöl in einem Topf erhitzen, die Schalotten und den Salbei anbraten, dann herausnehmen. Den Hasen im Öl rundum anbraten, mit Salz und frisch gemahlenem Pfeffer abschmecken, dann mit Mehl bestäuben. Die Schalotten, Salbei und die Buttermilch zugeben und im gewässerten, geschlossenen Topf in der Backröhre 60 Minuten schmoren lassen. Die Sauce mit Weinbrand abschmecken. Den Hasen mit selbstgemachten Nudeln (Rezept s. Seite 67) servieren. ***Abbildung rechts***

STAINLESS AUSTRIA

WILDSCHWEINGULASCH

1,5 kg Wildschweinkeule, 2 EL Pflanzenöl, 2 Zwiebeln, 250 g gemischte Waldpilze, 250 ml Rotwein, 2 Nelken, 6 Wacholderbeeren, Salz, schwarzer Pfeffer, 1 EL Zucker, 100 ml Sauerrahm

Das Fleisch waschen, trockentupfen und in Würfel schneiden. Das Öl in einer Pfanne erhitzen und das Fleisch rundum anbraten. Die Zwiebeln schälen, kleinwürfeln, zugeben und andünsten. Die Pilze putzen, nach Möglichkeit nicht waschen und grob klein schneiden. Mit dem Rotwein ablöschen und Nelken, Wacholderbeeren, Salz, frisch gemahlenem Pfeffer und Zucker zugeben, dann im geschlossenen Topf 90 Minuten garen. 10 Minuten vor Ende der Garzeit die Waldpilze zum Gulasch geben. Zum Schluß den Sauerrahm unterziehen und mit Halbseidenen Klößen, (Rezept s. Seite 71) servieren.

WILDTOPF WAIDMANNSHEIL

(für 6 Personen)

150 g durchwachsener Speck, 1 kg Wildgulasch (Reh, Hase, Hirsch), 1 Zwiebel, 2 Knoblauchzehen, 2 Karotten, 1/4 Sellerieknolle, 1 Stange Lauch, 2 Thymianzweige, 1 Lavendelzweig, 1 Lorbeerblatt, 4 Wacholderbeeren, Salz, schwarzer Pfeffer, 250 ml Rotwein, 500 ml Wildfond oder Fleischbrühe, 150 g geschälte, rote Linsen, 4 cl Sherry medium, 1 EL Rotweinessig, 1 TL Zucker, 2 EL Ketchup, 100 ml Sauerrahm

Den Speck in Streifen schneiden und in einem Topf auslassen. Das gewürfelte Wildfleisch darin rundum anbraten. Die Zwiebel und die Knoblauchzehen schälen und in Scheiben schneiden, zum Fleisch geben und andünsten. Die Karotten und den Sellerie schälen und in Stifte schneiden. Den Lauch putzen, waschen und in Ringe schneiden. Das Gemüse zum Fleisch geben und 10 Mi-

nuten mitdünsten. Die Kräuter waschen und mit den Gewürzen zum Fleisch geben. Mit Rotwein und dem Wildfond aufgießen und 60 Minuten bei geringer Hitze schmoren. Die Linsen zugeben, eventuell noch etwas Zucker, Salz, frisch gemahlenem Pfeffer dazugießen und 20 Minuten weiterkochen lassen. Mit Sherry, Essig und Ketchup abschmecken. Zum Schluß den Sauerrahm unterrühren und den Topf heiß, mit Spatzen (Rezept s. Seite 70) servieren.
Tip: Der Topf läßt sich auch statt dem Gemüse mit frischen Waldpilzen, Reherln (Pfifferlingen), Champignons usw. variieren, diese jedoch erst 15 Minuten vor Ende der Garzeit zugeben.

REHRÜCKEN HALALI

1 Rehrücken ca. 2 kg, Salz, Pfeffer, 4 Wacholderbeeren, 50 g grüner Speck zum Spicken, 50 g Butter, 125 ml Rotwein, 200 ml Sauerrahm, 2 EL Preiselbeeren

Den Rehrücken häuten, salzen und pfeffern. Die Wacholderbeeren zerdrücken und den Rehrücken damit einreiben. Den Speck in Streifen schneiden und den Rücken am besten mit einer Spicknadel spicken. Den Rücken mit der Butter in eine Bratreine geben, mit dem Rotwein aufgießen und bei ca. 180 - 200 Grad 30 Minuten braten. Hin und wieder mit dem Bratenfond begießen. Das Backrohr nach 30 Minuten abschalten und den Rehrücken noch 10 Minuten ruhen lassen. In der Zwischenzeit die Sauce zubereiten, nochmals mit Salz und Pfeffer abschmecken, den Rahm unterrühren und zum Schluß mit den Preiselbeeren pikant würzen.
Mit Serviettenkloß (Rezept s. Seite 71) oder Bauchstecherla (Rezept s. Seite 69), Spatzen (Rezept s. Seite 70), Blaukraut (Rezept s. Seite 56), Apfelmus und Preiselbeer-Sauce (Rezept s. Seite 89) servieren.
Tip: Nach dem gleichen Rezept läßt sich auch ein Hasenrücken zubereiten.

Fisch

KARPFEN BLAU

1 Karpfen (ca. 1,5 kg), Salz, 250 ml Weinessig. Für den Sud: 3 l Wasser, 250 ml Essig, 1 Zwiebel, 1 Bund Suppengrün, 2 Salbeiblätter, 2 EL Fischgewürz

Den ausgenommenen Karpfen vorsichtig waschen, damit die Schleimhaut nicht verletzt wird und abtropfen lassen. Innen leicht salzen und auf ein Fischtopf-Einsatzsieb, dann auf eine Porzellanplatte stellen. Am besten mit dem Bauch über eine Tasse stülpen, so bleibt er wunderbar stehen. Den Essig erhitzen und über den Karpfen gießen, ca. 15 Minuten stehenlassen, während dieser Zeit den Karpfen nicht berühren. Aus Wasser, Essig, der geschälten, geviertelten Zwiebel, dem geputzen, gewaschenen, grob zerkleinerten Suppengrün und den Gewürzen, in einem Fischkochtopf einen Sud kochen. Den Karpfen auf dem Einsatzsieb, vorsichtig in den Fischtopf einlegen und aufkochen lassen. Bei geöffnetem Deckel ca. 20 - 30 Minuten leicht ziehen lassen. Wenn die Augen milchig weiß werden, ist der Fisch fertig. Vorsichtig herausheben, mit Zitronenspalten und Petersilie garniert servieren. Dazu passen Salzkartoffeln, Sahne-Kren (Rezept s. Seite 91) und grüne Blattsalate.

Tip: Falls man keinen Fischtopf besitzt, den Karpfen in einen Bratbeutel stellen und den Sud bestehend aus 125 ml Essig und 125 ml Wasser mit den Gewürzen und Gemüse in die Folie geben. Verschließen, oben einstechen und bei 220 Grad 35 Minuten in dem nicht vorgeheizten Backofen garen.

FORELLE GEBRATEN

4 Forellen (1,2 kg), Salz, Peffer, 1 Bund Petersilie, 1 EL Mehl, 60 g Butter, 1 Zitrone

Die ausgenommenen Forellen gründlich waschen und trockentupfen. Innen und außen mit Salz und Pfeffer einreiben. Die Petersilie waschen und jeweils ein paar Stengel in den Bauch der Fische stecken. Das Mehl über die Fische stäuben, und die Butter in der Pfanne erhitzen. Die Fische von beiden Seiten je 8 Minuten braten, bis sie schön braun sind.Mit Petersilienkartoffeln, Zitronenspalten, flüssiger Butter und bunten Salaten servieren. ***Abbildung oben***

WÜRZBURGER MEEFISCHLI

1 kg Mainfische (Weißfische), Saft von 1 Zitrone, Salz, 2 El Mehl
Zum Ausbacken: 1 1/2 kg Pflanzenfett. Zum Garnieren:
Zitronenviertel und Petersilie

Die Fische schuppen, ausnehmen, gründlich waschen und abtropfen lassen. Mit dem Zitronensaft beträufeln und salzen. Eine Stunde kalt stellen. Das Fett in einem großen Topf oder einer Friteuse erhitzen. Die Fische mit Mehl bestäuben und im heißen Fett goldbraun ausbacken. Auf Haushaltspapier abtropfen lassen, mit Zitronenvierteln und Petersilie garniert zu Kartoffelsalat (Rezept s. Seite 68) und einem herben Wein servieren.

AISCHGRÜNDER KARPFEN

2 kleine Karpfen (2 kg), Salz, 1 Zwiebel, 1 Bund Suppengrün,
100 g Butter, 4 rohe geschälte Kartoffeln, 250 ml Fischfond,
50 g Semmelbrösel, 50 g Kräuterbutter, Petersilie

Die ausgenommenen Karpfen innen und außen waschen, abtropfen lassen. Innen leicht salzen. Die Zwiebel schälen und kleinschneiden. Das Suppengrün putzen, waschen und in grobe Stücke zerteilen. Die Butter in einem Bräter zerlassen und die Zwiebel- und Gemüsewürfel darin anbraten. Die Karpfen in den Bräter setzen, die Rücken nach oben, die Kartoffeln in den Bauch stecken, damit die Karpfen gut stehen bleiben. Im vorgeheizten Backofen bei 220 Grad ca. 20 Minuten braten. Hin und wieder mit Fischfond begießen. Die Karpfen mit den Semmelbröseln bestreuen und mit flüssiger Kräuterbutter beträufeln, nochmals 15 Minuten backen. Die Petersilie waschen, kleinschneiden und die Karpfen damit bestreuen. Die Fische in der Sauce anrichten. Zum Aischgründer Karpfen passen besonders gut Salzkartoffeln, eine bunte Salatplatte und ein trockener Frankenwein.

Gemüse

DOTSCHEN

*1 gelbe Steckrübe, 100 g durchwachsener Speck,
1 Zwiebel, 125 ml Brühe, Salz, weißer Pfeffer*

Die Steckrübe putzen, schälen und fein hobeln. Den Speck in Würfel schneiden. Die Zwiebel schälen und ebenfalls würfeln, mit den Speckwürfeln in einem Topf andünsten. Die Steckrüben zufügen, mit der Brühe aufgießen und mit Salz und frisch gemahlenem Pfeffer abschmecken. Im geschlossenen Topf 30 Minuten garen.
Mit Kartoffelbrei servieren.

GURKENGEMÜSE

*50 g durchwachsener Speck, 60 g Butter, 60 g Mehl, 125 ml Brühe,
1 EL Weinessig, 1 TL Zucker, Salz, 500 g Salatgurke*

Den Speck würfeln und in einer Pfanne auslassen. Butter und Mehl zugeben und eine helle Einbrenne herstellen. Mit der Brühe aufgießen und mit Essig, Zucker und Salz abschmecken. Die Salatgurke schälen, halbieren, die Kerne entfernen und in 1 cm dicke Scheiben schneiden. Die Gurken in die Sauce geben und 5 Minuten gar schmoren. Hin und wieder umrühren.
Das Gurkengemüse als Beilage zu Fleisch servieren.

"BLAUKRAUT" - ROTKOHL

750 g Blaukraut, 50 g Schweinschmalz, 250 ml Fleischbrühe, 3 EL Weinessig, 1 Zwiebel, 3 Nelken, 1/2 Zimtstange, 2 Äpfel, Salz, Pfeffer, 1 EL Zucker, 125 ml Rotwein

Das Kraut putzen, waschen und fein schneiden oder hobeln. Das Schmalz in einem Topf erhitzen und das Kraut darin andünsten. Mit der Brühe aufgießen und den Essig zugeben. Die Zwiebel schälen und mit den Nelken spicken. Zwiebel und Zimtstange mit den geschälten in Viertel geschnittenen Äpfeln zum Kraut geben und mit Salz, Pfeffer und Zucker abschmecken. Das Kraut 60 Minuten mit geschlossenem Deckel leicht kochen lassen. Im Schnellkochtopf 10 Minuten garen. Den Rotwein zugeben, die Gewürze entfernen, das Kraut aufkochen und eventuell nochmals abschmecken.
Das Blaukraut schmeckt zu Fleisch, Wild und Geflügel.

SAUERKRAUT

50 g Schweineschmalz, 1 Zwiebel, 750 g Sauerkraut, 6 Wacholderbeeren, 1 Lorbeerblatt, 6 Pfefferkörner, 1 EL Kümmel, 1 Bund Suppengrün, 250 g geräuchertes Wammerl, 250 ml Fleischbrühe, 1 TL Zucker

Das Schmalz in einer Pfanne erhitzen und die geschälte, gewürfelte Zwiebel darin kurz andünsten. Das Kraut in einem Topf erhitzen, die Zwiebelwürfel und die Gewürze zugeben. Das Suppengrün putzen, waschen, grob zerkleinern und ebenfalls zum Kraut geben. Das geräucherte Wammerl obenauf legen, die Fleischbrühe zugießen und das Kraut 60 Minuten leicht kochen lassen. Im Schnellkochtopf 12 Minuten kochen. Das Kraut mit dem Zucker abschmekken und die Gewürze herausfischen. Falls man kein Wammerl mitkochen möchte, kann man das Kraut zum Schluß noch mit ausgelassenen Speckwürfeln verfeinern. Sauerkraut schmeckt zu Fleisch und Wurst.
Tip: Kraut wird immer besser, wenn es öfters aufgewärmt wird.

GRÜNE BOHNEN

1 kg frische Buschbohnen, 1 TL Salz,
60 g Butter, 1 Bund Bohnenkraut

Die Bohnen putzen und waschen. 1 1/2 l Salzwasser mit dem Bohnenkraut zum Kochen bringen und die Bohnen 10 Minuten garen, dann kalt abschrecken. Die Butter in einem Topf erhitzen und die Bohnen nochmals 5 Minuten darin erhitzen. Die Bohnen passen zu Lamm, Wild, Kalb, Schwein und Rind.

Tip: Die Bohnen kann man auch in 100 g in Würfel geschnittenen und ausgelassen Speck schwenken, dann die Butter weglassen. ***Abbildung oben***

VOLKACHER SPARGEL

1 kg frischer Spargel, 1 TL Zucker, 1 TL Salz, 1 TL Zitronensaft, 1 l Wasser, 100 g Butter, 1 EL Mehl, 2 Eigelbe, Salz, weißer Pfeffer, 1 Spritzer Zitronensaft, 1 Bund Petersilie

Den Spargel von oben nach unten schälen. Zucker, Salz und Zitronensaft ins Wasser geben, den Spargel einlegen und 30 Minuten kochen. 1 Eßlöffel Butter mit dem Mehl zu einer hellen Einbrenne kochen, mit Spargelbrühe aufgießen und zu einer sämigen Sauce kochen. Vom Herd nehmen, die Eigelbe verquirlen und unterrühren. Mit Salz, frisch gemahlenem Pfeffer und einem Spritzer Zitronensaft abschmecken. Den Rest der Butter, stückchenweise, mit dem Schneebesen einrühren, bis die Sauce schaumig wird. Die Petersilie waschen, kleinhacken und unter die Sauce rühren. Den Spargel auf einer Platte anrichten und mit gekochtem Schinken, Salzkartoffeln und der Sauce servieren.
Tip: Schwarzwurzeln kann man nach dem gleichen Rezept zubereiten.

RAHM-SCHWARZWURZELN

1 kg Schwarzwurzeln, 60 g Butter, 250 ml Fleischbrühe, Salz, weißer Pfeffer, 1 TL Zitronensaft, 1 Prise Zucker, 2 EL Mehl, 100 ml Sauerrahm, 1/2 Bund Petersilie

Die Schwarzwurzeln waschen, schälen und in 4 cm lange Stücke schneiden. Die Butter in einer Kasserolle zerlassen und die Schwarzwurzeln zugeben, kurzandünsten. Mit der Brühe aufgießen und 20 Minuten leicht kochen lassen. Das Mehl mit dem Sauerrahm verrühren und unter das Gemüse rühren. Mit Salz, frisch gemahlenem Pfeffer, Zitronensaft und Zucker abschmecken. Die Petersilie waschen und klein schneiden. Die Schwarzwurzeln mit der Petersilie bestreut servieren, sie passen sehr gut zu Braten aller Art.

Aufläufe und Eintöpfe

BLUTWURST-AUFLAUF

750 g Kartoffeln, 2 l Wasser, 500 g Äpfel, 2 Zwiebeln, 2 Knoblauchzehen, 2 EL Pflanzenöl, 500 g geräucherte Blutwurst, Salz, schwarzer Pfeffer, 100 ml süße Sahne, 1/2 Bund Majoran, 50 g Emmentaler, 3 EL Butter, 100 ml Sauerrahm.
Zum Garnieren: 1/2 Bund Petersilie

Die Kartoffeln waschen, mit dem Wasser zum Kochen ansetzen und ca. 25 Minuten kochen lassen, bis sie weich sind. Das Wasser abgießen, die Kartoffeln kurz kalt abbrausen, so lassen sie sich besser schälen. Heiß pellen, auskühlen lassen und durch die Kartoffelpresse drücken oder pürieren. In der Zwischenzeit die Äpfel schälen, vierteln, in Scheiben schneiden und beiseite stellen. Die Zwiebeln und die Knoblauchzehen schälen und fein würfeln. Das Öl in einer Pfanne erhitzen, Zwiebeln, Knoblauchzehen und Apfelscheiben kurz andünsten. Die Blutwurst in Scheiben schneiden und beiseite stellen. Den Kartoffelbrei in eine Schüssel geben, mit Salz, frisch gemahlenem Pfeffer, Sahne, dem gewaschenen, gehackten Majoran verrühren und abschmekken. Eine Auflaufform mit 1 EL Butter einfetten und jeweils lagenweise den Kartoffelbrei, die Blutwurst, den Sauerrahm und die Apfelstücke einfüllen. Den Käse reiben und den Auflauf damit bestreuen. Die restliche Butter als Flöckchen auf dem Auflauf verteilen. Im vorgeheizten Backofen bei 200 Grad ca. 30 - 40 Minuten backen. Die Petersilie waschen und klein hacken. Den Auflauf mit der Petersilie bestreut und mit Salat als Hauptgericht servieren.

FRÄNKISCHER LAUCH-BLOTZ

Für den Hefeteig: 500 g Mehl, 30 g Hefe, 250 ml lauwarme Milch, 1 Prise Salz, 75 g Butter, 1 Ei. Für den Belag: 1 kg Lauch, 150 g durchwachsener Speck, 500 ml Sauerrahm, 4 Eier, Salz, 1 EL Kümmel

Das Mehl in eine Schüssel sieben und in die Mitte eine Mulde drücken. Die Hefe hineinbröckeln und mit etwas von der lauwarmen Milch anrühren - ein "Dampfl" machen. Ein Tuch über die Schüssel legen und den Teig 20 Minuten warm stellen. Danach die restliche Milch, Butter und Ei zugeben. Mit einem kräftigen Kochlöffel oder der Küchenmaschine einen glatten, nicht zu festen Teig herstellen. Der Teig ist gut, wenn er sich vom Schüsselrand löst. Die Schüssel wieder abdecken und den Teig 15 Minuten gehen lassen. Auf einem bemehltem Brett nochmals durchkneten und in Kuchenformgröße ausrollen. Die Form ausbuttern und den Teig einlegen, an den Rändern etwas hochdrücken. Den Lauch putzen, in Ringe schneiden und waschen. Den Speck würfeln und mit dem Lauch zusammen in eine Schüssel geben. Den Sauerrahm und die Eier unter die Masse rühren, mit Salz abschmecken. Die Masse auf den Teig geben, den Kümmel darüber streuen und die Form nochmals 20 Minuten gehen lassen. Den Backofen auf 200 Grad vorheizen, und den Kuchen 40 Minuten backen. Mit Wein, Federweißen oder Most servieren.
Als Variante gibt es den Zwiebel-Blotz. Den Lauch durch 1 kg Zwiebeln ersetzen.
Tip: Der Hefeteig reicht für drei Kuchen, den Teig dritteln und einfrieren. So hat man schnell einen Hefeteig zur Hand, auch für Obstkuchen oder Ofenschlupfer. ***Abbildung rechts***

Pfeffer

BAMBERGER KRAUTBRATEN

500 g Weißkraut, Salz, 2 Zwiebeln, 600 g gemischtes Hackfleisch, 150 g Schweinefleisch, gewürfelt, Salz, 1 Lorbeerblatt, 1 Nelke, 1 EL Kümmel, 50 g Butter, 6 Pfefferkörner, 1 altbackene Semmel, Milch, 50 g durchwachsener Speck, 100 ml Sauerrahm

Die äußeren Blätter vom Krautkopf entfernen, vierteln, den Strunk herausschneiden und das Kraut in Streifen schneiden. In Salzwasser weich dämpfen und anschließend fein hacken. Die Zwiebeln schälen, würfeln und mit dem Hackfleisch, den Schweinewürfeln, den Gewürzen und der Butter in einer Pfanne anbraten. Herausnehmen und in eine Schüssel geben. Die Semmel in etwas Milch einweichen, ausdrücken und mit dem Fleisch vermischen. Den Speck in Scheiben schneiden. Das Kraut und den Fleischteig abwechselnd in eine gefettete Auflaufform schichten, mit Kraut abschließen und die Speckscheiben darauflegen. Im vorgeheizten Backofen bei 200 Grad ca. 60 Minuten backen. Hin und wieder mit Sauerrahm begießen, bis er schön braun ist.
Mit Salzkartoffeln als Hauptgericht servieren.

ÜBERBACKENER MANGOLD

1 kg Mangold, 500 ml Rinderbrühe (Rezept s. Seite 10). Für die Sauce: 2 EL Butter, 2 EL Mehl, 250 ml Sauerrahm, 2 Eigelb, Salz, weißer Pfeffer, 1 Prise Zucker, geriebene Muskatnuß, 1 EL Kümmel. Außerdem: 150 g gekochter Schinken, 1 EL Butter

Den Mangold putzen, waschen und in Streifen schneiden. Die Brühe in einen Topf geben und zum Kochen bringen. Den Mangold 15 Minuten in der Brühe garen, herausheben, abtropfen lassen und grob hacken. Die Butter in einem Topf erhitzen, das Mehl hineingeben und eine helle Einbrenne (Mehlschwitze) rühren, mit einem Teil der Brühe aufgießen, einmal aufkochen lassen, so daß eine sämige Sauce entsteht. Den Sauerrahm mit dem Eigelb verrühren und unter die Sauce geben. Mit Salz, frischgemahlenem Pfeffer, Zucker, Muskatnuß und Kümmel abschmecken. Den Schinken in Streifen schneiden.

Eine feuerfeste Auflaufform mit Butter einfetten und den Mangold einlegen. Die Ei-Rahmsauce über den Mangold gießen und die Schinkenstreifen darüber streuen. Im vorgeheizten Backofen bei 220 Grad ca. 20 Minuten backen. Den Mangold-Auflauf mit Salzkartoffeln servieren.

FRÄNKISCHER-LINSENTOPF

(für 8 Personen)

500 g braune Linsen, 1 - 1 1/2 l Wasser, 2 Zwiebeln, 200 g Kassler, 1 EL Schmalz, 2 l Rinderbrühe (Rezept s. Seite 10), 1 Schinkenknochen, 1 Speckschwarte, 1 Stange Lauch, 1 kleine Sellerieknolle, 200 g Kartoffeln, 4 Karotten, 1 Lorbeerblatt, 1 Zweiglein Majoran, 1 TL Salz, schwarzer Pfeffer, 2 EL Kräuteressig

Die Linsen am Vorabend in Wasser einweichen. Die Zwiebeln schälen und in Würfel schneiden. Das Kassler vom Knochen trennen und würfeln. Das Schmalz in einem Topf zerlassen, die Zwiebel- und Kasslerwürfel zugeben und andünsten. Mit der Rinderbrühe aufgießen, dann den Schinkenknochen, die Speckschwarte und die Linsen zugeben, aufkochen lassen. Den Lauch putzen, waschen und in Ringe schneiden. Den Sellerie, die Kartoffeln und Karotten schälen, dann in Streifen schneiden. Das Gemüse mit Lorbeerblatt, Majoran und Salz zum Rinderfond geben und bei kleiner Hitze 90 Minuten garen. Mit Salz, dem frisch gemahlenen Pfeffer und dem Kräuteressig abschmecken.

BOHNEN-EINTOPF

300 g dicke weiße Bohnen, 2 l Wasser, 200 g durchwachsener Speck, 1 Zwiebel, 1 Knoblauchzehe, 1 l Rinderbrühe (Rezept s. Seite 10), Salz, 1/2 TL getrockneter Thymian, 1 Lorbeerblatt, 200 g Lauch, 200 g Karotten, 1/2TL getrocknetes Bohnenkraut, 10 Trockenpflaumen ohne Kern

Die Bohnen über Nacht in 2 l Wasser einweichen, dann abgießen und beiseite stellen. Den Speck in Stücke schneiden. Die Zwiebel und den Knoblauch schälen, beides kleinwürfeln. Die Speckwürfel in einen Schnellkochtopf geben und anbraten. Die Zwiebel und den Knoblauch zugeben, dann glasig dünsten. Die Bohnen mit der Rinderbrühe dazugeben, mit Salz, Thymian und Lorbeerblatt würzen, dann im geschlossenen Topf 8 Minuten garen. Den Lauch putzen, waschen und in Ringe schneiden. Die Karotten schälen, ebenfalls in Stücke schneiden, dann zu den Bohnen geben. Das Bohnenkraut und die Pflaumen zugeben, im geschlossenen Topf noch weitere 5 Minuten garen. Im normalen Topf beträgt die Garzeit ca. 60 Minuten. ***Abbildung rechts***

GELBE ERBSEN MIT SPECK

400 g geschälte gelbe Erbsen, 2 l Wasser, 2 Zwiebeln, 1 Bund Suppengrün, 2 Kartoffeln, 350 g durchwachsener Speck, 1 EL Butter, 1 l Rinderbrühe, etwas Majoran, 1/2 EL Essig, Salz , schwarzer Pfeffer

Die Erbsen über Nacht in Wasser einweichen, dann abgießen und beiseite stellen. Die Zwiebeln schälen und kleinwürfeln. Das Suppengrün putzen, waschen und kleinschneiden. Die Kartoffeln schälen und würfeln. Den Speck in kleine Würfel schneiden. Die Butter in den Schnellkochtopf geben und zerlaufen lassen, Zwiebeln, Suppengrün und Speck zugeben, dann andünsten. Die Erbsen, Kartoffeln und Majoran zufügen, mit der Rinderbrühe (Rezept s.Seite 10) aufgießen, den Topf verschließen und 15 Minuten kochen lassen. Mit Essig, Salz und frisch gemahlenem Pfeffer abschmecken.
Zum Eintopf schmecken Spatzen (Rezept s. Seite 70) sehr gut.

KARTOFFELTOPF MIT BAUERNSEUFZERN

(für 8 Personen)

1 kg Kartoffeln, 2 Karotten, 500 g Lauch, 3 EL Butter, 2 l Brühe, 8 Bauernseufzer, 1 Bund Petersilie, 200 ml Sauerrahm, Salz, schwarzer Pfeffer

Die Kartoffeln und Karotten schälen und in dünne Scheiben schneiden. Den Lauch putzen, waschen und in feine Ringe schneiden. Die Butter in einem Topf zerlassen, die Kartoffeln und die Karotten darin andünsten. Den Lauch zugeben und mit der Brühe aufgießen. Zum Kochen bringen und 20 Minuten kochen lassen, bis das Gemüse fast gar ist. Die Würstchen in Scheiben schneiden und die letzten 10 Minuten zugeben. Die Petersilie waschen und klein hakken. Kurz vor dem Servieren den Sauerrahm einrühren und die Petersilie darüber streuen. Mit Salz und Pfeffer abschmecken. Als Hauptgericht servieren.

Beilagen

HAUSGEMACHTE NUDELN

500 g Mehl, 5 Eier, 1 TL Salz, 4 EL lauwarmes Wasser, 2 EL Olivenöl.

Das Mehl auf eine glatte Arbeitsfläche sieben. In die Mitte eine Mulde drücken und die Eier hineingeben. Salz, Wasser und Olivenöl zugeben. Mit Hilfe einer Gabel die Eier mit dem Salz, dem Wasser und dem Öl verrühren, dabei schon etwas Mehl untermischen. Das Mehl vom Rand her vermischen und nach und nach unterkneten. Wenn der Teig zu fest sein sollte, noch etwas Wasser zugeben. Den Teig ca. 10 Minuten kneten, mit dem Handballen flachdrücken, zusammenlegen und wieder flachdrücken, bis der Teig glatt, glänzend und elastisch ist. Zugedeckt 1 - 2 Stunden ruhen lassen, dann beliebig weiter verarbeiten. Den Teig auf einem bemehlten Brett möglichst dünn ausrollen und in ca. 5 cm breite Streifen schneiden, diese dann durch die Nudelmaschine, erst durch die breiteste Walzeneinstellung geben, dann nach und nach zurückstellen. Zum Trocknen aufhängen oder auf einem Tuch ausbreiten. Danach je nach Verwendung in schmale oder breite Bandnudeln, Spaghetti o.ä. Formen schneiden. Nochmals zum Trocknen aufhängen und dann in Schraubgläser luftdicht verschlossen aufbewahren. Die Nudeln lassen sich auch mit einem scharfen Messer von Hand in Streifen schneiden. Die Garzeit der selbstgemachten Nudeln beträgt höchstens 3 Minuten.

Tip: Die Nudeln kann man mit Spinatsaft, Tomatenmark oder 2 zusätzlichen Eigelben in Grüne-, Rote- oder Eiernudeln verwandeln.

FRÄNKISCHER KARTOFFELSALAT

750 g speckige Salatkartoffeln, 125 ml Fleischbrühe, 1 Zwiebel, 4 EL Kräuteressig, 6 EL Öl, Salz, Pfeffer, 1 Bund Schnittlauch

Die gekochten Kartoffeln schälen und noch warm in Scheiben schneiden. Die Fleischbrühe erhitzen, die Zwiebel schälen, würfeln und zugeben. Essig, Öl, Salz und Pfeffer zur Brühe geben. Den Schnittlauch waschen und in Röllchen schneiden. Die Brühe über die Kartoffel gießen, den Schnittlauch zugeben und alles gut durchmischen, eventuell nochmals abschmecken. Der Salat schmeckt lauwarm am besten zu Bratwurst und Fleisch.

GEBACKENE KARTOFFELN

1 kg Kartoffeln, 2 Knoblauchzehen, Salz, weißer Pfeffer, geriebene, Muskatnuß oder Kümmel, 1 Bund gemischte Kräuter: Petersilie - Estragon - Zitronenmelisse - Minze - Majoran, 200 g Emmentaler, 4 EL Butter, 3 Eier, 400 ml Schlagrahm

Die Kartoffeln schälen und in dünne Scheiben schneiden, nochmals waschen und trockentupfen. Die Knoblauchzehen schälen und fein würfeln. Die Kartoffelscheiben in eine Schüssel geben, mit dem Knoblauch, Salz, frisch gemahlenem Pfeffer und Muskatnuß würzen. Die Kräuter waschen, kleinschneiden und unter die Kartoffelscheiben mischen. Den Käse reiben. Ein Backblech mit 1 EL Butter einfetten und die Kartoffeln auflegen, dann den Käse darüberstreuen. Die Eier mit der Sahne verrühren und über die Kartoffeln gießen. Die restliche Butter als Flöckchen auf dem Blech verteilen. Im vorgeheizten Backofen bei 220 Grad ca. 30 - 40 Minuten backen.

Die Kartoffeln mit einer großen Schüssel buntem Salat als Hauptgericht oder als Beilage zu Fleisch servieren.

Tip: Aus gekochten Kartoffeln zubereitet beträgt die Garzeit der gebackenen Kartoffeln nur 20 Minuten.

"BAYREUTHER BAUCHSTECHERLA"

500 g gekochte Kartoffeln, 1 Ei, Salz, 80 g Mehl, 2 EL Grieß, Butterschmalz zum Braten

Die gekochten, kalten Kartoffeln reiben oder durch die Presse drücken. Das Ei, Salz, Mehl und Grieß zugeben und gut verkneten. Mit leicht bemehlten Händen kleinfingerdicke und fingerlange Rollen formen, die an beiden Enden spitz zulaufen. Das Schmalz in einer Pfanne erhitzen und die Bauchstecherla darin braun anbraten. Sie schmecken zu Sauerkraut, Fleisch- und Wildgerichten mit Saucen, Gemüsen und Kohlgerichten oder mit Kompott. ***Abbildung oben***

KRÄUTERKLÖSSE

1 Bund Petersilie, 1/2 Bund Schnittlauch, 1/2 Bund Dill, 1 Prise geriebene Muskatnuß, 500 ml Wasser, 1 kleine Zwiebel, 1 Packung Echt bayerische Knödel

Die Kräuter waschen, kleinschneiden und mit der Muskatnuß in das kalte Wasser geben. Die Zwiebel schälen und dazureiben. Das Knödelpulver mit dem Schneebesen einrühren und 10 Minuten quellen lassen. Aus dem Teig mit angefeuchteten Händen Klöße formen und ins kochende Salzwasser einlegen. Bei schwacher Hitze ca. 20 Minuten ziehen lassen. Nicht mehr kochen!

"SPATZEN"- MEHLKLÖSSCHEN

30 g Butter, 200 g Mehl, 2 Eier, 125 ml Milch, Salz

Die Butter zerlaufen lassen. Aus Mehl, Butter, Eiern, Milch und Salz einen festen Teig kneten. Den Teig 30 Minuten ruhen lassen. In einem Topf Salzwasser aufsetzen und zum Kochen bringen. Mit dem Teelöffel Spatzen abstechen und im kochenden Wasser 5 Minuten kochen und 10 Minuten ziehen lassen. Die Spatzen schmecken zu Fleischgerichten mit Saucen oder Linsen.

"GMANSCHI"

Zutaten und Zubereitung wie "Fränkischer Kartoffelsalat" (Rezept s. Seite 68), zusätzlich 1Salatgurke.

Die Gurke gründlich waschen, mit der Schale in Scheiben schneiden oder hobeln und unter den Kartoffelsalat mischen. Schmeckt zu Fleischgerichten.

SERVIETTENKLOSS

8 altbackene Semmeln, 500 ml Milch, 2 Zwiebeln, 1 Bund Petersilie, 50 g Butter, 2 Eier, 1/2 TL Salz, Pfeffer, 1 EL Mehl, 1 Prise Muskatnuß

Die Semmeln in dünne Scheiben schneiden. Die Milch erwärmen und über die Semmelscheiben gießen. 10 Minuten ziehen lassen. Die Zwiebeln schälen und würfeln. Die Petersilie waschen und kleinhacken. Die Butter in einer Pfanne erhitzen, die Zwiebeln und die Petersilie darin andünsten. Beides zu den Semmelscheiben geben. Die Eier, Salz, Pfeffer, Muskatnuß und Mehl dazugeben und den Teig gut durcharbeiten. Mit feuchten Händen ein längliches Brot formen, mit 250 ml Wasser in einen Bratbeutel einlegen und verschließen. Den Bratbeutel, oben einstechen und im Backrohr bei 220 Grad, 20 Minuten garen. Oder den Kloß auf eine angefeuchtete Serviette legen, diese einrollen und an den Enden gut verknoten. In einem großen Topf Salzwasser zum Kochen bringen und den Serviettenkloß einlegen, aufkochen und bei geschlossenem Deckel 20 Minuten ziehen lassen.

HALBSEIDENE KLÖSSE

750 g rohe Kartoffeln, 750 g gekochte Kartoffeln (am besten vom Vortag), 250 ml Milch, Salz, 1 Semmel, 2 EL Butter

Die Kartoffeln schälen, waschen, reiben und gut ausdrücken. Die gekochten Kartoffeln zerdrücken und mit den rohen vermischen. Die Milch erhitzen und kochend über die Kartoffeln gießen. Den Kloßteig mit Salz abschmecken. Die Semmel erst in Scheiben, dann in Würfel schneiden. Die Butter in einer Pfanne erhitzen und die Semmelwürfel darin anrösten. Mit nassen Händen Klöße formen und in die Mitte eines jeden Kloßes ein paar Brotwürfel geben. Einen großen Topf mit Salzwasser zum Kochen bringen und die Klöße einlegen, aufkochen lassen und bei schwacher Hitze 20 Minuten ziehen lassen.

BAUMWOLLENE KLÖSSE

1 kg Kartoffeln, 250 ml Wasser, 125 g Speisestärke, Salz, 1 Semmel, 2 EL Butter

Die Kartoffeln kochen und noch heiß schälen und durch die Presse drücken. Mit dem Wasser vermischen, das Stärkemehl unterkneten und mit Salz abschmecken. Die Semmel erst in Scheiben, dann in Würfel schneiden. Die Butter in einer Pfanne erhitzen und die Semmelwürfel darin anrösten. Mit nassen Händen Klöße formen und in die Mitte eines jeden Kloßes ein paar Brotwürfel geben. Einen großen Topf mit Salzwasser zum Kochen bringen und die Klöße einlegen, aufkochen lassen und bei schwacher Hitze 20 Minuten ziehen lassen. Die Klöße zu Fleisch- und Wildgerichten servieren.

"BACKAS" KARTOFFELPUFFER

750 g rohe Kartoffeln, 1 Zwiebel, Salz, 2 Eier, 1 EL Mehl. Zum Ausbacken: Pflanzenfett oder Öl

Die Kartoffeln schälen, reiben und etwas ausdrücken. Die Zwiebel schälen und ebenfalls reiben. Alles in eine Schüssel geben, mit Salz, Eiern und Mehl zu einem Teig verarbeiten. Das Fett in der Pfanne erhitzen und handtellergoße, knusprige Datschis ausbacken. Die Reiberdatschis mit Sauerkraut (Rezept s. Seite 56), Schweinswürstel und Senf serviert, ergeben eine deftige Zwischenmahlzeit; oder als Beilage zu Wild, Kraut und Braten servieren.

BUNTER KARTOFFELSALAT

750 g speckige Salatkartoffeln, 1 Zwiebel, 1 säuerlicher Apfel, 1 Essiggurke, 125 ml Fleischbrühe, 200 g Sahne Dickmilch, 4 EL Kräuteressig, 6 EL Öl, Salz, Pfeffer, 1 Prise Zucker, 1 TL Senf, 1 Bund Schnittlauch

Die gekochten Kartoffeln schälen und in Scheiben schneiden. Die Zwiebel schälen und würfeln. Den Apfel ungeschält entkernen und in Würfel schneiden, ebenso die Essiggurke. Zwiebel-, Apfel- und Gurkenwürfel zu den Kartoffelscheiben geben. Die Fleischbrühe erhitzen, und über die Kartoffel gießen. Den Salat erkalten lassen. Aus Sahne-Dickmilch, Essig, Öl, Salz, frisch gemahlenem Pfeffer, Zucker und Senf eine Marinade rühren und über den Salat gießen, durchmischen. Den Schnittlauch waschen und in Röllchen schneiden, zugeben, gut durchmischen und den Salat ziehen lassen. ***Abbildung***

Mehlspeisen und Desserts

"OFENSCHLUPFER" ROHRNUDELN

Für den Hefeteig: 500 g Mehl, 30 g Hefe, 250 ml lauwarme Milch, 1 Prise Salz, 75 g Zucker, 75 g Butter, 2 Eier, abgeriebene Schale von 1unbehandelten Zitrone. Außerdem: 100 g Butter

Das Mehl in eine Schüssel sieben und in die Mitte eine Mulde drücken. Die Hefe mit etwas Zucker hineinbröckeln und mit etwas von der lauwarmen Milch anrühren, ein "Dampfl" machen. Ein Tuch über die Schüssel legen und den Teig 20 Minuten warm stellen. Danach die restliche Milch, Salz, Zucker, Butter, Eier und Zitronenschale zugeben. Mit einem kräftigen Kochlöffel oder der Küchenmaschine einen glatten Teig herstellen. Der Teig ist gut, wenn er sich vom Schüsselrand löst. Die Schüssel wieder abdecken und den Teig nochmals 10 Minuten gehen lassen.

Den Hefeteig durchkneten und in 8 - 10 Portionen aufteilen, mit bemehlten Händen Klöße formen. Die Butter in die Bratreine geben und die Rohrnudeln einsetzen, nochmals gehen lassen. Den Backofen auf 200 Grad vorheizen und die, in der Reine gegangenen Nudeln, 30 - 40 Minuten backen. Hin und wieder mit Butter bepinseln.

Die Ofenschlupfer mit Vanillesauce (Rezept s. Seite 88), Weinschaumsauce (Rezept s. Seite 90), Kompott oder Zwetschgenbrei (Rezept s. Seite 88) servieren.

ZWETSCHGENKLÖSSE

Für den Teig: 250 g Topfen, 250 g Mehl, Salz, 60 g Butter, 1 Ei, geriebene Schale von 1 unbehandelten Zitrone. Für die Füllung: 16 Zwetschgen, 16 Stück Würfelzucker. Außerdem: 40 g Butter, 100 g Semmelbrösel, 100 g Zucker, 2 TL Zimt

Aus Topfen, Mehl, Salz, zerlassener Butter und Zitronenschale einen Teig kneten. Im Kühlschrank 20 Minuten ruhen lassen. Den Teig auf einem bemehlten Brett zu einer Rolle formen und in acht Stücke aufteilen. Die Zwetschgen waschen und mit einem seitlichen Schnitt entkernen. In jede Zwetschge ein Stück Würfelzucker stecken. Eine Teigportion in die Hand nehmen und eine Vertiefung hineindrücken, die Zwetschgen einlegen und einen Kloß formen. Die Klöße in kochendes Wasser einlegen und 10 Minuten ziehen lassen. Mit einem Schaumlöffel herausheben und abtropfen lassen. Die Butter in einer Pfanne erhitzen, die Semmelbrösel darin goldgelb anbraten und die Zwetschgenklöße darin wälzen. Den Zucker mit dem Zimt vermischen und die Klöße damit bestreuen, noch warm eventuell mit Vanillesauce (Rezept s. Seite 88) servieren.

"KÄRSCHMÄNNLA" KIRSCHENAUFLAUF

8 altbackene Semmeln, 500 ml Milch, 1 Prise Salz, 175 g Zucker, 4 Eier, 1 TL Zimt, 1 kg Kirschen, 1 Msp. Backpulver, 100 g Butter

Die Semmeln in dünne Scheiben schneiden. Die Milch mit Salz, Zucker, Eigelben und Zimt verrühren und die Semmelscheiben darin einweichen. Die Kirschen waschen, entstielen, entkernen und mit dem Backpulver unter die Semmelmasse rühren. Das Eiweiß zu steifem Schnee schlagen und unterheben. Eine feuerfeste Auflaufform mit der Butter einfetten, die Kirschmasse in die Form geben und im vorgeheizten Backofen bei 220 Grad 60 Minuten backen. Noch heiß als Hauptgericht mit einer Tasse Kaffee servieren.
Mit Sherryschaum (Rezept s. Seite 91) oder Vanillesauce (Rezept s. Seite 88) oder Zwetschgenbrei (Rezept s. Seite 88) servieren.

APFELBACKES

1,5 kg Kartoffeln, 3 säuerliche Äpfel, 3 Eier, 1 Prise Salz, 2 EL Zucker, 3 EL Mehl. Zum Ausbacken: 100 g Pflanzenfett. Zum Bestreuen: 3 EL Zucker, 1 TL Zimt

Die Kartoffeln waschen, schälen und reiben. Die Äpfel schälen, entkernen und in Scheiben schneiden. Die Eier verrühren und mit den Kartoffeln, Apfelscheiben, Salz, Zucker und Mehl verrühren. Das Fett in einer Pfanne erhitzen und handtellergroße Fladen backen. Den Zucker mit dem Zimt vermischen und die Backes damit bestreuen, heiß servieren.

FRÄNKISCHER TOPFENSTRUDEL

Für den Strudelteig: 300 g Mehl, 2 EL ÖL, 1 Ei, 1 Prise Salz, 125 ml Wasser. Für die Füllung: 750 g Topfen, 3 Eier, 150 g Zucker, 2 Vanillinzucker, abgeriebene Schale von 1 Zitrone, 100 g Rosinen. Zum Bestreuen: Puderzucker

Für den Teig das Mehl auf ein Back - brett sieben, eine Mulde drücken. Die Zutaten in die Mulde geben und alles zu einem glatten Teig verarbeiten. Den Teigklumpen einige Dutzend Male fest auf das Brett schlagen. Dann 1 Stunde ruhen lassen. Den Teig möglichst dünn ausrollen und auf ein bemehltes Küchentuch legen. Dann unter die Mitte des Teiges mit beiden Händen greifen und mit gespreizten Fingern von der Mitte aus nach allen Seiten ausziehen, bis er papierdünn ist. Die Butter zerlassen und mit einem Teil davon den Teig einpinseln. Den Topfen mit Eiern, Zukker, Vanillinzucker, Zitronenschale und Rosinen verrühren. Die Masse auf den Strudel geben,verstreichen und mit Hilfe des Küchentuches den Strudel aufrollen. Mit dem Rest der Butter eine Reine oder Aluform einpinseln und den Strudel einlegen. Bei 220 Grad im vorgeheizten Backofen 40 Minuten backen. Nach dem Backen aus der Form nehmen und leicht mit Puderzucker bestreuen. Noch warm mit Vanillesauce (Rezept s. Seite 88) und einem duftenden Kaffee servieren. ***Abbildung rechts***

GEBACKENE "HOLLER-STRAUBEN" HOLUNDERBLÜTEN

Für den Teig: 150 g Mehl, 1 EL Öl, 1 Prise Salz, 1 El Speisestärke, 2 Eigelb, 40 g Zucker, 125 ml Milch, 125 ml Bier, 2 Eiweiß.
Zum Ausbacken: 1,5 kg Pflanzenfett.
Außerdem: 8 Hollerblüten, Puderzucker

Für den Ausbackteig Mehl, Öl, Salz, Speisestärke, Eigelbe, Zucker, Milch und Bier zu einem dickflüssigen Teig verrühren. Die Eiweiße steif schlagen und unter die Teigmasse heben. Der Teig sollte 10 Minuten ruhen. Die Hollerblütendolden waschen und gut abtropfen lassen. Das Fett in einem Topf oder einer Friteuse erhitzen, die Blütendolden durch den Teig ziehen, im heißen Fett ca. 180 Grad nacheinander goldgelb ausbacken, warm stellen. Die gebackenen Hollerstrauben mit Puderzukker bestreuen und zum Nachmittagskaffee oder als Nachspeise servieren.
Tip: Nach diesem Rezept kann man auch Akazien- oder Kürbisblüten ausbacken.

APFELKÜCHERL MIT SHERRYSCHAUM

(für 6 Personen)

6 große Äpfel, 1 EL Puderzucker, 2 EL Zitronensaft.
Für den Teig: 150 g Mehl, 1 EL Öl, 1 Prise Salz, 1 EL Speisestärke, 2 Eigelb, 40 g Zucker, 250 ml Milch, 2 Eiweiß. Zum Ausbacken: 1,5 kg Pflanzenfett

Mit dem Apfelaustecher die Kerngehäuse enfernen, die Äpfel schälen und in 1 cm dicke Scheiben schneiden. Mit dem Puderzucker bestäuben und mit dem Zitronensaft beträufeln. Für den Ausbackteig Mehl, Öl, Salz, Speisestärke, Eigelbe, Zucker und Milch zu einem dickflüssigen Teig verrühren. Die Eiweiße steif schlagen und unter die Teigmasse heben. Der Teig sollte 10 Minuten ruhen. Das Fett in einem Topf oder einer Friteuse erhitzen, die Apfelscheiben durch den Teig ziehen und im heißen Fett bei ca. 180 Grad, goldgelb ausbacken, warm stellen.

Den Sherryschaum (Rezept s. Seite 91) zu den warmen Apfelkücherln, die man noch mit einer Zucker-Zimtmischung bestreuen kann. Heiß als Dessert servieren.

VERSOFFENE JUNGFERN

5 Eier, 75 g Zucker, 75 g Mehl, Salz, abgeriebene Schale von 1 unbehandelten Zitrone. Zum Ausbacken: 1,5 kg Pflanzenfett. Außerdem: 6 cl Medium Sherry

Die Eier trennen, Eigelb und Zucker schaumig rühren. Das Mehl, Salz und Zitronenschale unterrühren. Das Eiweiß steif schlagen und unter die Masse heben. Das Fett in einem Topf oder einer Friteuse erhitzen und mit einem Eßlöffel Nocken von der Masse stechen. In das heiße Fett geben und schwimmend goldbraun ausbacken. Auf Küchenpapier abtropfen lassen. Vor dem Servieren mit dem Sherry übergießen.
Dazu schmeckt eine Rotweinsauce (s. unten) oder eine Weinschaumsauce (Rezept s. Seite 90).

ROTWEIN-SAUCE

50 g Rosinen, Wasser, 400 ml Rotwein, 120 g Puderzucker, 1/2 Zimtstange, etwas Zitronenschale, 1 Gewürznelke, 1 EL Speisestärke

Die Rosinen in Wasser einweichen. Den Rotwein mit Puderzucker, Zimt, geriebener Zitronenschale, Rosinen und Gewürznelke aufkochen. Die Speisestärke mit etwas Wasser anrühren und die Sauce damit binden.

APFEL-PFANNKUCHEN EIERKUCHEN

(für 6 Personen)

Für den Teig: 250 g Mehl, 3 Eier, 250 ml Milch, 2 EL Honig.
Zum Ausbacken: 100 g Butterschmalz. Außerdem: 3 säuerliche Äpfel

Das Mehl in eine Schüssel sieben, die Eier zugeben, mit der Milch und dem Honig zu einem nicht zu dünnen Teig verarbeiten. 30 Minuten ruhen lassen. In der Zwischenzeit die Äpfel schälen, vierteln, entkernen und in dünne Spalten schneiden. Butter in einer Pfanne erhitzen und nacheinander nicht zu dünne Pfannkuchen, in welche jeweils ein Kranz Apfelspalten eingelegt wird, ausbacken, warm stellen.

Die Apfelpfannkuchen heiß mit der Zimtcreme servieren.

Abbildung oben

ZIMTCREME

4 Eigelb, 125 g Puderzucker, 2 EL Zimt, 250 ml Milch, 1 Prise Salz, 1 Vanilleschote, 4 Blatt weiße Gelatine, 250 ml Schlagrahm

Die Eigelbe mit Zucker und Zimt schaumig schlagen, bis die Masse weiß und dicklich wird. Die Milch und Salz in einen Topf gießen, die Vanilleschote der Länge nach aufschlitzen, das Vanillemark mit einem Messer herausstreichen und mit der Schote zur Milch geben. Die Milch aufkochen lassen und 10 Minuten ziehen lassen. Die Vanilleschote herausfischen. In der Zwischenzeit die Gelatine in kaltem Wasser einweichen. Die heiße Milch unter Rühren zur Eimasse gießen. Die Eiermilch unter Rühren mit dem Schneebesen wieder erhitzen, sie darf aber nicht kochen, da sie sonst gerinnt. Die Gelatine ausdrücken und unter die Eiermilch rühren, bis sie sich aufgelöst hat. Die Creme durch ein Sieb gießen und erkalten lassen. Die Sahne steif schlagen und unterheben.

VANILLECREME

4 Eigelb, 125 g Puderzucker, 250 ml Milch, 1 Prise Salz, 1 Vanilleschote, 6 Blatt weiße Gelatine, 250 ml Schlagrahm

Die Eigelbe mit dem Zucker schaumig schlagen, bis die Masse weiß und dicklich wird. Die Milch und Salz in einen Topf geben, die Vanilleschote der Länge nach aufschlitzen, das Vanillemark mit einem Messer herausstreichen und mit der Schote zur Milch geben. Die Milch aufkochen und noch 10 Minuten ziehen lassen. Die Vanilleschote herausfischen. In der Zwischenzeit die Gelatine in kaltem Wasser einweichen. Die heiße Milch unter Rühren zur Eimasse gießen. Die Eiermilch unter Rühren mit dem Schneebesen wieder erhitzen, sie darf aber nicht kochen, da sie sonst gerinnt. Die Gelatine ausdrücken und unter die Eiermilch rühren, bis sie sich aufgelöst hat. Die Creme durch ein Sieb gießen und erkalten lassen. Gelegentlich umrühren damit sich keine Haut bilden kann. Die Sahne steif schlagen und sobald die Creme anfängt dick zu werden, unterheben. Die Creme in eine Schüssel oder Puddingform füllen und im Kühlschrank erstarren lassen.
Kurz vor dem Auftragen auf eine Platte stürzen und mit frischen Früchten garniert servieren.

FRÄNKISCHER APFELSTRUDEL

Zutaten und Zubereitung wie "Fränkischer Topfenstrudel" (Rezept s. Seite 76), statt des Topfens 1,5 kg säuerliche Äpfel, 1 Zitrone, nur 100 g Zucker, 3 TL Zimt, 1 EL Rum, 100 g Rosinen, 100 g gehackte Mandeln

Die Äpfel schälen, vierteln, entkernen und in dünne Scheiben schneiden. Die Zitrone auspressen und die Apfelscheiben damit beträufeln. Zucker, Zimt, Rum, Rosinen und Mandeln unter die Äpfel mischen, dann auf dem Teig verteilen. Den Apfelstrudel mit Vanillesauce (Rezept s. Seite 88) oder Zimtcreme (Rezept s. Seite 81) oder geschlagener Sahne servieren.

"KADEISERLA" KARTHÄUSERKLÖSSE

8 frische Semmeln, 500 ml Milch, 3 Eigelb, 1 EL Zucker, abgeriebene Schale von 1 Zitrone, 1 Päckchen Vanillezucker. Zum Ausbacken: Pflanzenfett

Die Rinde von den Semmeln reiben und diese halbieren. Die Semmelbrösel beiseite stellen. Die Milch mit Eigelben, Zucker, Zitronenschale und Vanillinzucker verrühren. Die Semmelhälften kurz in die Eiermilch tauchen und in den Semmelbröseln wenden. Das Fett erhitzen und die Semmeln goldgelb ausbacken. Diese köstliche Nachspeise mit Kompott, Zwetschgenbrei (Rezept s. Seite 88) oder Vanillesauce (Rezept s. Seite 88) zu Tisch bringen.

Kuchen und Gebäck

"APFEL-BLOTZ" BLECHKUCHEN

Für den Hefeteig: 500 g Mehl, 30 g Hefe, 250 ml lauwarme Milch, 1 Prise Salz, 75 g Zucker, 75 g Butter, 2 Eier, abgeriebene Schale von 1 unbehandelten Zitrone. Für den Belag: 2 kg Äpfel, 1 Zitrone, 100 g Rosinen, 50 g gehackte Mandeln, 1 EL Zimt, 50 g Zucker

Für den Hefeteig das Mehl in eine Schüssel sieben und in die Mitte eine Mulde drücken. Die Hefe mit etwas Zucker hineinbröckeln und mit etwas von der lauwarmen Milch anrühren - ein "Dampfl" machen. Ein Tuch über die Schüssel legen und den Teig 20 Minuten warm stellen. Danach die restliche Milch, Salz, Zucker, Butter, Eier und Zitronenschale zugeben. Mit einem kräftigen Kochlöffel oder der Küchenmaschine einen glatten Teig herstellen. Der Teig ist gut, wenn er sich vom Schüsselrand löst. Die Schüssel wieder abdecken und den Teig nochmals 10 Minuten gehen lassen. Den Hefeteig durchkneten und auf einem bemehlten Brett mit dem Nudelholz auf Blechgröße ausrollen. Das Backblech mit Backpapier belegen und den Teig darauf legen. Die Äpfel waschen, entkernen und in Spalten schneiden. Die Zitrone auspressen und die Äpfel damit beträufeln. Dann in Reihen dicht auf den Teig legen und den Blotz mit Rosinen, Mandeln, Zimt und Zucker bestreuen. Im vorgeheizten Backofen bei 200 Grad 20 - 30 Minuten backen.
Mit geschlagener Sahne zum Kaffee servieren.

HEFEZOPF

Für den Hefeteig: 500 g Mehl, 30 g Hefe, 250 ml lauwarme Milch, 1 Prise Salz, 100 g Zucker, 100 g Butter, 2 Eier, abgeriebene Schale von 1 unbehandelten Zitrone, 100 g Rosinen, 100 g gehackte Mandeln, 50 g Butter, 3 EL Hagelzucker.

Das Mehl in eine Schüssel sieben und in die Mitte eine Mulde drücken. Die Hefe mit etwas Zucker hineinbröckeln und mit etwas von der lauwarmen Milch anrühren - ein "Dampfl" machen. Ein Tuch über die Schüssel legen und den Teig 20 Minuten warm stellen. Danach die restliche Milch, Salz, Zucker, Butter, Eier, Zitronenschale, Rosinen und zwei Drittel der Mandeln zugeben. Mit einem kräftigen Kochlöffel oder der Küchenmaschine einen glatten, blasenfreien Teig herstellen. Der Teig ist gut, wenn er sich vom Schüsselrand löst. Die Schüssel wieder abdecken und den Teig 15 Minuten gehen lassen. Auf einem bemehlten Brett nochmals durchkneten und zu 3 Rollen formen, einen Zopf pflechten und mit der flüssigen Butter bestreichen. Die restlichen Mandeln mit dem Hagelzucker auf den Zopf streuen, auf ein mit Backpapier ausgelegtes Blech legen und ihn zugedeckt nochmals 20 Minuten gehen lassen. Den Backofen auf 180 Grad vorheizen und den Zopf 30 Minuten backen.

ELISENLEBKUCHEN

3 Eier, 300 g Zucker, Schale von 1 unbehandelten Zitrone, 1 EL Zimt, 1 TL gemahlene Nelken, 1/2 TL Kardamom, 200 g geriebene, ungeschälte Mandeln, 200 g Haselnüsse, 100 g gehacktes Orangeat, 200 g gehacktes Zitronat, runde Oblaten. Für den Guß: 1 Päckchen Kuvertüre

Die Eier mit dem Zucker schaumig rühren. Die Zitronenschale, Gewürze, Nüsse, Orangeat und Zitronat zugeben, dann zu einem Teig verarbeiten. Den Nußteig fingerdick auf die Oblaten streichen und im vorgeheizten Backofen bei 175 Grad 15 Minuten backen. Die Kuvertüre im Wasserbad erwärmen und mit einem Pinsel auf die abgekühlten Lebkuchen streichen.

HAHNENKÄMME

1 Packung tiefgefrorener Blätterteig, 1 Dose Aprikosenhälften, 100 g Aprikosenmarmelade. Für die Glasur: 100 g Aprikosenmarmelade oder 100 g Puderzucker, 2 EL Zitronensaft

Die Teigquadrate nach Vorschrift auftauen und mit einem Nudelholz auf einer bemehlten Arbeitsfläche messerrückendick ausrollen. Quadrate von 10 x 10 cm ausschneiden. Die Aprikosen abtropfen lassen. In die Mitte der Quadrate je einen Eßlöffel Marmelade geben, zwei Aprikosenhälften einsetzen, sie zu einem Rechteck zusammenklappen und etwas andrücken. Mit einem Messer an der zusammengedrückten Seite Kammzähne einschneiden. Die Hahnenkämme leicht gebogen auf ein mit kaltem Wasser befeuchtetes und mit Backpapier ausgelegtes Backblech legen. Den Backofen auf 220 Grad vorheizen und 10 Minuten backen. Die Hahnenkämme sofort vom Blech lösen und mit der unter Rühren erhitzten Marmelade bestreichen oder mit einer Puderzucker-Glasur beziehen. Das Gebäck mit Kaffee servieren.

"KERWA KÜCHLE" KIRCHWEIH SCHMALZGEBÄCK

Für den Hefeteig: 500 g Mehl, 30 g Hefe, 250 ml lauwarme Milch, 1 Prise Salz, 100 g Zucker, 100 g Butter, 2 Eier, abgeriebene Schale von 1 unbehandelten Zitrone. Zum Ausbacken: 1,5 kg Pflanzenfett. Zum Bestreuen: 50 g Puderzucker

Das Mehl in eine Schüssel sieben und in die Mitte eine Mulde drücken. Die Hefe mit etwas Zucker hineinbröckeln und mit etwas von der lauwarmen Milch anrühren - ein "Dampfl" machen. Ein Tuch über die Schüssel legen, und den Teig 20 Minuten warm stellen. Danach die restliche Milch, Salz, Zucker, Butter, Eier und Zitronenschale zugeben. Mit einem kräftigen Kochlöffel oder der Küchenmaschine einen glatten Teig herstellen. Der Teig ist gut, wenn er sich vom Schüsselrand löst. Die Schüssel wieder abdecken und den Teig

nochmals 10 Minuten gehen lassen.
Aus dem Hefeteig kleine runde Teigstücke abstechen und auf ein bemehltes Brett legen. Mit einem Tuch zugedeckt an einem warmen Ort nochmals 20 Minuten gehen lassen. Die Nudeln dann vorsichtig in der Größe einer Untertasse ausziehen, so daß außen ein dickerer Rand stehenbleibt. Das Schmalz in einem großen Topf oder einer Friteuse erhitzen und die Nudeln vorsichtig einlegen. Die dünne Haut in der Mitte darf nicht zerreißen, sie muß beim Ausbacken hell und gebläht bleiben. Hellbraun schwimmend ausbacken und auf Küchenpapier abtropfen lassen.
Mit Puderzucker bestreuen und warm oder kalt zum Kaffee servieren.
Tip: In manchen Gegenden von Franken werden die Küchle auch statt rund in Rechtecke (Kopfkissla) mit einem Teigrädchen ausgeradelt, dann gehen lassen und im Fett schwimmend ausgebacken.

BAMBERGER NUSSHÖRNCHEN

1 Packung tiefgefrorener Blätterteig, 1 Eigelb, 1 EL Milch.
Für die Füllung: 150 g geriebene Haselnüsse, 1 Ei, 80 g Zucker,
1 TL Zimt. Für den Guß: 100 g Puderzucker, 2 EL Zitronensaft

Die Teigquadrate nach Vorschrift auftauen und auf einer bemehlten Arbeitsfläche zu einer Größe von 25 x 40 cm ausrollen. Den Teig in langgezogene Dreiecke schneiden von 10 x 25 x 25 cm. Die Haselnüsse, mit dem Ei, Zukker und Zimt zu einer Masse verrühren. Die Nußmasse in die Mitte der Dreiecke streichen, diese von der Breitseite zur Spitze aufrollen und leicht gebogen auf ein mit kaltem Wasser abgespültes und mit Backpapier ausgelegtes Blech legen. Das Eigelb mit der Milch verquirlen und die Hörnchen damit bepinseln. Den Backofen auf 220 Grad vorheizen. Die Nußhörnchen 25 Minuten backen. Das Gebäck noch heiß vom Blech lösen und mit dem Puderzucker verrührten Zitronensaft bestreichen, abkühlen lassen.

Köstliche Saucen

VANILLESAUCE

125 g Puderzucker, 3 Eigelb, 1 Stange Vanille, 250 ml Schlagrahm

Den Puderzucker mit den Eigelben sahnig schlagen, bis die Masse dick vom Löffel läuft. Die Vanillestange der Länge nach aufritzen und das Mark herausstreifen. Die Sahne mit Mark und der Schote zum Kochen bringen, dann die Schote wieder entfernen. Die Vanille-Sahne langsam unter Rühren zur Eiermasse geben und im Wasserbad so lange schlagen, bis sie schaumig dick ist. Sofort servieren. Die Sauce paßt zu Mehlspeisen und Desserts.

ZWETSCHGENBREI

1 kg Zwetschgen, 200 g Zucker, 6 Nelken, 1/2 Stange Zimt

Die Zwetschgen waschen, entstielen, entkernen und mit den Zutaten in einen Topf geben, aufkochen. Unter Rühren 5 Minuten, ohne Flüssigkeitszugabe, kochen lassen. Das Mus soll saftig, die Zwetschgen aber nicht verkocht sein. Die Gewürze herausnehmen und erkalten lassen.

PREISELBEER-SAUCE

1 kg frische Preiselbeeren, 2 Äpfel, 1 Orange, 1 Stück frischer Ingwer, 200 g Zucker, 250 ml Rotwein, 1 EL scharfer Senf, 1 Lorbeerblatt, 3 Wacholderbeeren, 2 Nelken, Zitronensaft, Pfeffer

Die Preiselbeeren verlesen, waschen und abtropfen lassen. Die Äpfel schälen, vierteln und das Kerngehäuse entfernen, dann in Würfel schneiden. Die Orange heiß abwaschen und abtrocknen. Die Hälfte der Orangenschale hauchdünn abschälen und sehr fein hakken. Die Orange halbieren und dann auspressen. Den frischen Ingwer schälen und fein hacken. Die Preiselbeeren,

Apfelwürfel, Orangenschale und - saft, Ingwer, Zucker, Rotwein, Senf und die Gewürze in einem Topf mischen. Aufkochen und zugedeckt bei milder Hitze unter Rühren 10 - 15 Minuten leise kochen lassen. Vom Herd nehmen und zugedeckt abkühlen. Die Gewürze herausfischen und die Sauce nach Geschmack mit Senf, Zitronensaft, Zucker und Pfeffer abschmecken.
Die Sauce paßt zu Wild- und Fleischgerichten.

"HOLLERMUS" HOLLERKOCH

500 g Holunderbeeren, 250 g Zwetschgen, 250 g Birnen, 75 ml Wasser, 75 g Zucker, 1 TL Zimt, 1/2 TL gemahlene Nelken, 75 g Semmelbrösel

Die Holunderbeeren entstielen, die Zwetschgen waschen und entsteinen. Die Birnen schälen, vierteln und das Kerngehäuse entfernen. Die Früchte mit wenig Wasser und dem Zucker aufkochen, Die Gewürze zugeben und die Semmelbrösel zum Binden unterrühren. Aufkochen lassen und bei geringer Hitze musig kochen.
Als Beilage zu Mehlspeisen oder mit einem Eßlöffel Sauerrahm als Dessert servieren.

WEINSCHAUMSAUCE

3 Eigelb, 1 EL heißes Wasser, 125 g Puderzucker, 125 ml Weißwein, 2 EL Rum

Die Eigelb mit dem heißen Wasser verrühren und den Puderzucker untermischen. Im Wasserbad so lange rühren bis eine dickliche Masse entstanden ist. Den Weißwein langsam unter ständigem Rühren, dann den Rum eßlöffelweise zugeben, bis die Sauce locker ist.
Die Weinschaumsauce paßt sehr gut zu Desserts und Mehlspeisen.

"SAHNEKREN" MEERRETTICH

*1/2 Stange frischer Kren, 2 EL Essig,
1/2 TL Zucker, 1 TL scharfer Senf, weißer Pfeffer, 125 ml Schlagrahm*

Den Kren schälen, fein reiben und mit Essig, Zucker, Senf und Pfeffer vermischen. Sie Sahne steif schlagen und unter den Meerrettich mischen.
Paßt sehr gut zu gekochtem Fisch und Fleisch.

"KRENSAUCE" MEERRETTICH

*1 Stange frischer Kren, 50 g Butter, 50 g Semmelbrösel,
250 ml Fleischbrühe, 1 EL Essig, 1 TL Zucker, Salz*

Den Kren schälen und fein reiben. Die Butter in einem Topf zerlassen und die Semmelbrösel darin goldgelb anrösten. Mit Fleischbrühe und Essig aufgießen. Mit Zucker und Salz abschmecken. Kurz aufkochen lassen und den Kren dazugeben, unter Rühren nochmals erhitzen.

SHERRYSCHAUM

*4 Eigelb, 100 g Puderzucker, 100 ml Cream Sherry,
200 ml Schlagrahm*

Die Eigelb mit dem Puderzucker verrühren und im Wasserbad so lange schlagen, bis eine dickliche Masse entstanden ist. Den Sherry langsam, unter ständigem Rühren zugeben, bis die Sauce cremig ist. Die Schlagsahne steif schlagen. Den Sherryschaum in Eiswasser stellen und so lange rühren, bis sie kalt ist. Die Sahne unter den Sherryschaum heben. Eine raffiniert schmekkende Sauce, die zu Desserts, Früchten und Mehlspeisen paßt.

Rezept-verzeichnis

Bildnachweis:

Umschlagfoto:
Pfanni-Werke, München

Innenteil:
Bay Keramik, Ransbach S. 44
Bommerlunder, MPR, Hamburg S. 65
CMA, Bad Godesberg S. 25
CMA - Butterschmalz, Komplettbüro S. 13, 21, 36, 69, 80
CMA - Käse, Komplettbüro S. 20
CMA, Ringpress S. 17
Melitta Werke Bentz & Sohn, Minden S. 41, 49, 53, 57, 61, 77, 85, 89
Molkerei Alois Müller, Aretsried S. 73
Pfanni-Werke, München S. 28